普通高等学校学前教育专业系列教材

学前儿童数学教育

（第二版）

主　编　梅纳新
副主编　周仁志

复旦大学出版社

内 容 提 要

　　本书立足于当前幼儿园数学教育实际，充分考虑大专层面学生的学习特点和需求。对学前儿童数学教育的意义、理论基础、目标与内容、途径与方法、活动设计、儿童数学概念发展与教育、儿童数学教育评价、国外数学教育等问题进行了阐述，注重理论与实践相结合，力求在使用过程中达到教师好教、学生好学。

　　本书主要作为普通高等学校、职业教育院校的学前教育专业及幼儿师范院校的教材，也可作为在职幼儿教师培训用书或幼教工作人员教学指导用书。

二版前言

2001年颁布的《幼儿园教育指导纲要(试行)》将数学归入科学领域,以科学领域的目标引领数学教育,但是作为科学领域中的一个重要分支,数学具备独特的逻辑系统和知识体系,具有不同的教育规律与方法,与科学教育有着密切的联系,但是又有很大的区别。

本教材在编写时充分考虑到当前幼儿园数学教育的实际情况,考虑到大、中专学前教育专业学生的学习特点和需求,在编写的过程中力求体现以下几个特点:

1. 时代性。贯彻了《幼儿园教育指导纲要(试行)》倡导的数学教育生活化及课程综合渗透的精神,吸收了当前国内外有关儿童数学教育的先进理念和实践经验,将一些新思想、新教法引入到教材当中,以适应我国当前幼儿教育的需要。

2. 基础性。突出了学前儿童数学教育的基本知识、基本理论和基本教育技能。学生只有扎实掌握学前儿童数学教育的基本理论和技能,才能在幼儿园教育实践中(分科课程或综合课程)运用自如。

3. 实践性。注重理论和案例相结合。每项数学教育内容均附有教育案例,具有较强的可操作性,以帮助学生逐步形成从事儿童数学教育的相关能力。此外,在章节后还附有思考练习题,以便于学生练习,巩固所学知识。

教材自出版以来,为全国幼师学校学前教育专业广泛选用。为了更好地反应学前教育教学改革的新发展,我们对第一版教材进行了修订和补充。本次教材修订在保留第一版教材特色的基础上,对第一版教材的部分内容作了适当的充实和完善。体现在以下几个方面:第一,把《3~6岁儿童学习与发展指南》的精神渗透在教材内容中,以反映国家对学前教育的新要求;第二,使教材内容更加贴近教学实践,通过案例诠释数学教育理论;第三,在每一章前面提出了本章的学习目标,使学生带着明确的任务进行学习。

本书共有11章。由郑州幼儿师范高等专科学校、商丘幼儿师范学校、汝南幼儿师范学校负责编

1

写。前言、第一、二、三、四、五、六(二、三节)、八章由郑州幼儿师范高等专科学校梅纳新编写;第六(一、四、五节)、七章由商丘幼儿师范学校周仁志编写;第九章由汝南幼儿师范学校万超林编写;第十章由汝南幼儿师范学校吴永杰编写;第十一章由商丘幼儿师范学校王殿文编写。梅纳新负责全书的修改和统稿工作。本教材在编写过程中参考、引用、借鉴了国内外同行的研究成果,在此表示感谢! 如有疏漏、不当之处,恳请批评指正。

编 者
2016 年 7 月

目　录

绪　言

数学历来是幼儿园课程的重要组成部分,是幼儿全面发展教育的重要内容,对学前儿童进行早期数学启蒙教育非常重要。学前儿童数学教育是学前教育专业学生一门必修的专业课程。

一、学前儿童数学教育的研究对象

学前儿童数学教育是一门研究0~6岁儿童学习数学初步知识的认知特点,以及如何对儿童进行数学教育的学科。既包括对儿童数学学习的认知特点的理论研究,也包括对学前儿童数学教育的目标、内容、途径、方法、数学教育活动设计与组织、各部分数学初步知识教育方法、数学教育评价的研究。

二、学习学前儿童数学教育的意义

如何对儿童进行早期数学启蒙教育? 这个问题并非想象的那样简单。作为未来的幼儿教师,必须学好学前儿童数学教育这门课程。通过学习,掌握从事学前儿童数学教育所必需的数学基础知识,了解儿童学习数学初步知识的认知特点,掌握学前儿童数学教育的相关理论,以逐步形成对学前儿童实施数学教育的能力。

三、学习学前儿童数学教育的要求

1. 联系相关学科的基础知识

学前儿童数学教育是一门综合性的学科。它与数学学科、幼儿教育学、幼儿心理学都有密切的联系。例如,它涉及数学学科的相关知识,要求教师数学概念要准确。再如,学前儿童数学教育内容和教育目标的确定、教学方法的选择,是以心理学揭示的儿童对数、量、形、时间、空间的认知特点以及幼儿的思维特点为依据,从而科学地解决儿童数学教育"教什么""如何教""如何学"及"为什么"等问题。

2. 联系幼儿园数学教育实际

学前儿童数学教育具有较强的理论性及实践性。学习时应密切联系幼儿园数学教育实际情况和问题,以加深对数学教育理论知识的理解。例如,通过到幼儿园见习、实习和与幼儿的接触,了解幼儿学习初步数学知识的特点,通过观摩幼儿园数学教育活动及亲身实践,积累组织幼儿数学教育活动的经验。在平时的学习中,既要重视理论知识的学习,也应学会运用所学的原则、方法等解决问题,使自身具备设计、组织幼儿园数学教育活动、为幼儿创设适宜的数学教育环境等相关能力,为将来对幼儿实施数学教育做好准备。

第一章

学前儿童数学教育概述

📖 **学习目标**

1. 了解数学的研究对象及学科特点。
2. 了解数学教育对于儿童发展的意义。
3. 掌握儿童学习数学的心理特点。
4. 掌握儿童数学教育的原则。

第一节 数学与儿童发展

一、数学研究的对象

恩格斯称数学是研究现实世界的空间形式和数量关系的科学。数学产生于现实生活中的具体事物，又区别于具体事物。数学与一般自然科学的区别在于，数学研究的不是具体事物本身的特性，而是事物与事物之间的抽象关系。数学与具体事物既有区别，又有密切的关系。因此，数学具有两重性，即抽象性和现实性。

二、数学知识的特点

1. 高度的抽象性

任何科学都具有抽象性，数学也不例外，但是数学的抽象要远高于其他科学的抽象。"数学的抽象，是对物体、现象、生活的一个方面的抽象化，即只保留量的关系而舍弃一切质的特点，只保留一定的形式、结构而舍弃内容，得到的是纯粹状态下的以抽象形式出现的量与量的关系，它是一种思想材料的符号化、形式化的抽象。"[①]就以儿童所学的数学知识为例，如自然数 5 可以表示 5 本书、5 支铅笔、5 只小鸡

---

① 周春荔等.数学学科教育学[M].北京:首都师范大学出版社,2000:22.

等任何数量是5的一组物体,自然数5与书、铅笔、小鸡等是没有关系的,也和书的大小、排列方式无关,无论是横着排、竖着排,或者排成圆圈,它们的数量都是5。也就是说,数量的属性不是事物本身所具有的属性(如书的厚薄、铅笔的长短等),而是对这5本书、5支铅笔的关系加以抽象以后所获得的属性。这就是数学知识的抽象性。

2. 严密的逻辑性

数学知识不仅有抽象性的特点,而且还有逻辑性的特点。例如,幼儿对5支铅笔这一知识的获得不是通过直接感知,而是通过一系列动作的协调,是通过手的动作和口的动作的协调。首先是手的动作和口的动作相对应,这就涉及对应的逻辑关系;其次是序的协调,幼儿口中数的数是有序的,而点物的动作也应该是连续而有序的,既不能遗漏,也不能重复;最后,还需将所有的动作合在一起,才能得到物体的总数,这又涉及包含关系。这些都是数学逻辑性的体现。

3. 广泛的应用性

数学产生于生产实践,与人类文明同时开始,又随着生产实践、科学技术的发展而发展,应用极为广泛。正如著名数学家华罗庚教授所说:"宇宙之大,粒子之微,火箭之速,化工之巧,地球之变,日用之繁,数学无所不在。"[①]这段话生动地说明了数学广泛的应用性。并且随着数学学科的不断发展,数学的思想、方法已广泛渗透和应用到人们的全部生活实践、工业生产及科学研究方面,数学是现代科学技术的基础和工具。

三、学前儿童数学教育的概念

学前儿童数学教育指的是对0~6岁儿童实施的数学教育,是将儿童探索周围世界的数量关系、空间形式等自发需求纳入有目标、有计划的教育程序,通过儿童自身的操作和建构活动,以促进他们在认识、情感、态度、习惯等方面整体、和谐的发展。它是儿童在教师或成人的指导下(直接指导或间接影响),通过他们自身的活动,对客观世界中的数量关系及空间形式进行感知、观察、操作、发现并主动探究的过程;是儿童积累大量数学方面的感性经验,主动建构表象水平上的初步数学概念,学习简单的数学方法和技能,发展思维能力(特别是初步的逻辑思维能力)的过程;是发展儿童好奇心、探索欲、自信心,得到愉快的情绪体验,产生对数学活动的兴趣以及培养良好的学习习惯的过程[②]。

四、学前儿童数学教育的意义

数学教育对儿童的发展具有非常重要的意义。

1. 学前期是数学能力发展的敏感期,是数学启蒙教育的关键期

蒙台梭利经过对儿童的大量观察研究,发现了数学敏感期。儿童数学逻辑能力的萌芽出现在秩序敏感期(1~3岁),此间儿童对事物之间的排列顺序、分类、配对表现出特殊的兴趣。而数字、几何图形及测量敏感期则出现在4岁左右,这个时期儿童表现出强烈的学习数学的愿望。如果抓住了这个数学教育的关键时机,针对儿童在不同时期不同的学习需求给予适当的刺激,提供必要的教具及良好的学习氛围,儿童的数学能力就会得到迅速发展,且将受益终身。

2. 对儿童进行数学教育是其生活和正确认识周围世界的需要

儿童和成人一样生活在现实世界中,周围环境中的一切物体都以数量、空间等形式存在着,事物之间也存在错综复杂的关系。儿童在试图更多地了解周围世界时,总会遇到许多含数学元素的问题,和其他描述世界的方式一样,这种对数学的理解力不会自然地或奇迹般地出现,它需要成人有意识、有目的地进行引导。通过数学教育,儿童能掌握一些初步的数学知识,发展基本的数学能力。借助于这些数学知识和技能,儿童能更好地认识周围客观事物,和人交往,用数学语言正确地表达自己的认识。例如,某幼儿在幼儿园学习了三角形,回到家里,看到妈妈买回的蛋糕,非常惊讶地喊道:"三角形。"对儿童进行

① 转引自周春荔等. 数学学科教育学[M]. 北京:首都师范大学出版社,2000:23.
② 黄瑾. 学前儿童数学教育[M]. 上海:华东师范大学出版社,2007:1.

初步的数学教育,既是儿童生活的需要,又是其认识周围世界的需要。因为,儿童认识事物时,必然涉及对数、量、形等数学知识的运用。

3. 数学教育有助于培养儿童的自信心、好奇心、探究欲及对数学的兴趣

庞德在其所著的《早期数学能力的培养》一书中谈到儿童的自信心、好奇心和学习兴趣的重要性以及幼儿教育工作者特别要注意的问题:"如果我们的孩子想成为充满自信且有能力的数学使用者,那么,就必须学会把数学看做一个强有力的交流工具。数学可以帮助我们解决问题和识别近似的模型和主题。最让人惊奇的是,对有些成人和儿童而言,它具有让人兴奋、充满创造性和赏心悦目的功能。对于今天正在成长的儿童来说,其价值更是不可等闲视之,我们有义务去帮助他们发掘数学思维能力,树立学好数学的信心,并对我们所接触到的和日常生活中的数学产生一种迫切的好奇感。儿童必须发展的不仅是数学知识、理解力和技能,还有乐于学习的态度。最重要的是,成人首先必须对那些由儿童带到他们生活中的东西满怀兴趣,增加关注,并欣赏地做出回应,精力充沛地对待并欣赏它,从而引导儿童一生都乐于学习数学。"①

吉福德告诉幼教工作者,如果我们希望儿童在数学上取得成功,就要注意发展和保持儿童的自信心。她强调:"有必要从早期关注儿童对待数学和数量的态度,并避免让孩子养成对数学的消极态度。"为此,她要求幼儿教育人员要对儿童所运用的潜在认识策略越来越清楚地认识和更感兴趣②。

4. 数学教育有助于促进儿童思维能力的发展

数学本身所具有的抽象性、逻辑性等特点,决定了数学教育是促进儿童思维能力发展的重要而有效途径。前苏联教育家加里宁称"数学是思维的体操"。

首先,数学教育促进了儿童初步逻辑思维能力的发展。初步的逻辑思维,是指能够对事物或现象进行分类、比较、匹配、对应、排序、概括和简单的推理能力。数学学习的过程本身就包含了这样一系列的逻辑活动。儿童在掌握粗浅数学概念和学习简单的运算过程中,需要经历把感知到的材料,经过分析与综合、抽象与概括、判断与推理,由感性认识逐步上升到理性认识的过程。在这个过程中,儿童的初步逻辑思维能力得到发展。

其次,数学教育促进儿童思维能力的发展还体现在对其思维品质的培养方面,有助于儿童形成思维的准确、灵活、敏捷、发散等良好品质。

5. 数学教育有助于儿童日后的小学数学学习

数学是现代科学技术的基础和工具,也是普通教育中一门重要的基础课程,早期的数学启蒙教育,能够为他们小学的数学学习打下扎实基础。

新西兰的一项研究表明,入学时,数学成绩最好的孩子通常来自于那些日常生活中可以接触到明显数学气氛的家庭。这些家庭的母亲喜爱用计算器,喜爱在日历表上指指点点,经常与孩子讨论时间与日期的问题。因此,未来幼儿数学思考的能力,像其他方面的发展一样,极大限度地依赖于其在这些成长年龄段里所遇到的经验、社会交际与语言③。以上研究说明了家庭或幼儿园提供必要早期经验对儿童数学能力的发展的重要性。

我国甘肃省曾对农村边远山区和一些少数民族地区的一年级学生进行抽样调查,结果显示入学前受过学前启蒙教育的儿童在语文、数学两门主要学科的成绩上要远远高于未受过学前启蒙教育的儿童。另外,国外也有研究资料表明,如果对学前儿童进行过初步的数学启蒙和训练,这些儿童到了十三四岁,其数学成绩比未受过学前期训练的同龄人要好。由此可见,学前儿童数学教育能对儿童进入小学甚至中学后的数学学习产生积极的影响④。

---

① [英]林达·庞德著,卜玉华译.早期数学能力的培养[M].上海:上海远东出版社,2002:4.
② [英]林达·庞德著,卜玉华译.早期数学能力的培养[M].上海:上海远东出版社,2002:56.
③ [英]林达·庞德著,卜玉华译.早期数学能力的培养[M].上海:上海远东出版社,2002:12.
④ 黄瑾.学前儿童数学教育[M].上海:华东师范大学出版社,2007:1.

第二节　儿童学习数学的心理特点及教育原则

一、儿童学习数学的心理特点

幼儿期以具体形象思维为主,5~6岁初步抽象逻辑思维才开始发展。数学知识的抽象性、逻辑性,使得幼儿数学概念的学习和获得过程比较复杂。对幼儿进行数学教育需建立在对幼儿学习数学心理特点的了解之上。

（一）儿童学习数学开始于动作

案例　中班张老师正在组织数学活动"认识6",她呈现一组一组数量是6的卡片,让幼儿计数。她观察到有的幼儿数的时候伴随点头动作,有的悄悄伸出手,数一个数伸出一个手指头。张老师默默地笑了,她知道这几个幼儿计数的外部动作还没有内化。

瑞士心理学家皮亚杰提出的"抽象的思维起源于动作"的观点,在幼儿数学教育中被广为接受。上述案例中,有的幼儿计数时,还要借助于点头、伸手指头的外部动作。他们表现出的这些外部动作,实际上是协调事物之间关系的过程。随着他们计数能力的提高及思维的发展,外部动作会消失。在幼儿学习某一数学知识的初期阶段,特别需要外部的动作。因此,在数学学习中,要给幼儿摆弄实物的操作机会。

（二）儿童数学知识的内化需要借助表象的作用

案例　大班李老师正在组织"球体和圆柱体"的教育活动。在幼儿玩了球和圆柱体之后,她出示了一张挂图,画面内容是:两个球体摞起来,圆柱体侧面放在球体上。她问道:"小朋友,它们能站稳吗?","不能,球会滚下来","圆柱体也能滚动"……

表象在幼儿数学学习起一定的作用。幼儿对数学知识的理解开始于外部动作,但是要把它们变成头脑中抽象的数学概念,还有赖于内化的过程,即在头脑中重建事物之间的逻辑关系。表象的作用即在于帮助幼儿完成这一内化的过程。上述案例中,幼儿玩过球和圆柱体之后,知道球能滚动、圆柱体侧着放也能滚动,李老师在此基础上,让幼儿观看图片,借助表象,加深幼儿对球体和圆柱体特征的认知。

需要注意的是,不能把表象的作用无限夸大。如只让幼儿观看实物、图片,教师讲解,让幼儿在头脑中"印下"数的表象、加减的表象,这样的做法是错误的。应在幼儿操作的基础上,引导幼儿观察实物或图片及其变化,鼓励他们将其转化为头脑中的具体表象。这样,不仅能帮助幼儿在头脑中重建事物之间的逻辑关系,也有助于幼儿抽象思维能力的发展。

（三）儿童对数学知识的理解应建立在多样化的经验和体验基础上

案例　大班韩老师在数学区投放了操作几何体的多种材料。如用橡皮泥塑制几何体、给积木贴上六个彩色的面、看图用积木拼搭造型等。

数学知识是抽象的,它的获得需要摆脱具体事物的其他无关特征。幼儿数学概念形成的过程中所依赖的具体经验越丰富、越充分,他们对相关数学概念的理解就越有概括性。上述案例中,韩老师正是考虑幼儿学习数学的这一心理特点。让幼儿在操作中获得关于几何体特征的多样化经验。

(四)符号和语言是儿童获得抽象数学概念的关键

> 案例 中班黄老师在幼儿学习数量分类时,给幼儿提供了 1~5 点子标记卡。让幼儿看标记进行分类。幼儿分类时,她鼓励幼儿边操作边说:4 只小鸭放到四个点子的盘子里,5 只铅笔放到 5 个点子的盘子里……分类结束后,黄老师提问:你为什么这样分? 促使幼儿表达分类结果:如它们都是 4 个,所以放在一起。

数学概念具有抽象性的特点,幼儿学习数学,最终要从具体的实物中摆脱出来,形成抽象的数学概念。而幼儿学习数学时在头脑中保存的具体经验,要使之变成概念化的知识,则需要符号体系的参与。符号的作用在于给幼儿一种抽象化的思维方式。如加减运算符号、数的组成中的分合号。在幼儿的数学学习中,"标记"是一个具有抽象意义的符号。它既带有形象性,又不是一个具体的形象,而是对它所代表的所有具体形象的抽象。如数字点卡、分类标记等。让幼儿接触标记,理解标记的抽象意义,有助于帮助他们理解抽象的数学概念,培养幼儿思维的抽象性。

语言在幼儿数学学习过程中也很重要。语言是思维的工具,幼儿在数学活动中用语言表达其操作过程和结果,能够对他们的动作实行有效的监控,并提高其对自己动作的意识程度,从而有助于动作内化的过程。此外,让幼儿用语言讲述操作的结果,促使幼儿思维从动作水平上升到表征水平。

(五)儿童数学概念的巩固有赖于练习和应用的活动

> 案例 中班孙老师发现班上幼儿"把两组物体变相等"的作业单错误率很高,她知道这是因为大部分幼儿判断物体数量受知觉的支配。她并不着急,而是组织幼儿玩"比比谁的东西多"的游戏。一组幼儿手中是数量不同的桃核,一组是数量不同的杏核。幼儿在比的过程中,发现小杏核看起来小,其实数量有时是多的。

幼儿数学知识的掌握是一个持续不断的过程。幼儿用自己已有的认知结构内化外部世界,同时建构新的知识。幼儿不断与环境相互作用的过程,是他们不断尝试新策略,练习和检验新获得的策略,并在应用中巩固新策略的过程。因此,应给幼儿提供大量练习和应用的机会。上述案例中,当老师发现班上大部分幼儿未建立数的守恒概念时,就给予幼儿更多的练习机会,促使幼儿改变认知策略。

二、儿童数学教育的原则

儿童数学教育的原则,是指在对其进行数学教育时应遵循的基本准则与规范。它根据幼儿数学教育的目标、教育规律,在总结教育实践经验的基础上加工、提炼而来,是实现数学教育目标的保障。

(一)密切联系生活的原则

密切联系生活的原则是指将现实生活视为幼儿学习数学的源泉和途径。具体要求如下。

1. 数学教育内容贴近儿童的生活

首先,教师要考虑活动的内容和幼儿已有的知识经验的联系。此外,在集体教育活动中,注意创设生活情境。例如,幼儿学习数字的用途时,教师创设了为"娃娃家"设计门牌号、电话号码的情境。在幼儿建构数学知识的同时,发展幼儿应用数学的意识和能力。

2. 从生活中寻找数学活动的材料

材料是数学活动的载体。生活中的物品可用于幼儿的数学活动。如石子、果核等可以用来数数;易拉罐、饮料瓶、包装盒等可以用于叠高、认识形体、辨别大小。生活中的物品不仅能引发幼儿探究数学的兴趣,更能让幼儿体会到"数学就在身边"。

3. 在生活中引导儿童学数学、用数学

首先,教师要让幼儿在真实的生活场景中获得数学经验。如以认识时间为例,早晨来园时可以让幼儿记录天气日志,感知星期、月的顺序。此外,教师要重视培养幼儿运用数学的方法解决问题的能力,引导幼儿在生活中用数学。例如，某大班教师发现班上智力区的玩具摆放杂乱无章，就引导幼儿制作分类标记卡，学习分类摆放，使幼儿运用分类的方法解决生活中的问题。

（二）发展幼儿思维结构的原则

"发展幼儿思维结构"的原则是指数学教育不应只是着眼于具体数学知识和技能的学习，而应指向幼儿的思维结构的发展。具体要求如下。

1. 明确数学知识学习和思维结构建构的关系

瑞士著名心理学家皮亚杰学派研究发现，幼儿思维的发展表现为思维结构的发展。数学知识的学习和幼儿思维结构的建构是相辅相成的，即具备了相应的思维结构，才能够学习、理解具体的数学概念和知识。例如，当幼儿的思维结构中还没有形成抽象的序列观念时，他们就不可能用逻辑的方法给不同长短的木棒排序。反之，学习、理解具体的数学概念和知识，也有助于其思维结构的建构。这是数学知识的抽象性和逻辑性决定的。

2. 实现儿童数学知识技能的学习和思维结构的同步发展

教师在引导幼儿学习数学知识和技能的同时，应考虑幼儿思维结构是否得到了发展。某些时候，幼儿掌握数学知识只是一种表面现象，但其思维结构并未得到发展。例如，某一小班幼儿不能完成将两组物体对应排列的任务，但他通过模仿同伴学会了说"一样多"的词。实质上他并未获得一一对应的逻辑经验，其思维结构未得到发展。在数学教育中，教师不要把重点只放在让幼儿记住或学会了数学知识和方法，而应让幼儿通过探索活动，实现思维结构的发展。

（三）让儿童操作、探索的原则

让儿童操作、探索的原则，是指要让其通过自己的活动建构数学认知结构。数理逻辑知识不可能单通过教师的讲解和演示"复制"到幼儿的头脑中。《指南》科学领域指出："幼儿的思维以具体形象为主，应注重引导幼儿通过直接感知、亲身体验和实际操作进行科学学习，不应为追求知识和技能的掌握，对幼儿进行灌输和强化训练。"具体要求如下。

1. 以操作法为数学学习的基本方法

操作能够给予幼儿在具体动作水平上协调和理解事物之间关系的机会。操作活动还为幼儿内化数学概念、理解数的抽象意义提供了基础。在不断操作的基础上，幼儿的外部动作逐渐内化，最终转变为头脑中的思考。

2. 将数学学习视为儿童主动探索的过程

数学活动，是幼儿在教师的支持引导下，自主获取知识和提高能力的过程。教师应启发幼儿积极探索、发现数学关系，自己获取数学经验。让幼儿边活动、边动脑进行分析、综合、比较、抽象、概括，从而找到解决问题的方法。教师"教"的作用，一方面体现在为幼儿提供和材料、和人相互作用的环境，另一方面，教师起着点拨、组织和概括的作用。

（四）重视个别差异的原则

重视个别差异的原则，是指在数学教育中，应考虑幼儿的个体差异，让每个幼儿在原有水平上得到发展。相比其他领域来说，幼儿在数学思维能力、数学学习态度、学习方式、发展速度等方面存在较大差异。具体要求如下。

1. 恰当运用教育教学策略，促进幼儿在原有水平上得到发展

在教育内容和要求方面，即要面向全体幼儿又要考虑到兼顾个体差异。如对数学能力较强幼儿可以提出更高的活动要求，对数学能力较弱的幼儿提出相对低的活动要求。

在教育活动形式方面，多提供小组学习和个人学习的机会。如要重视数学区活动的开展。在集体教学中，采用小组活动的形式，提供难度不同的材料供幼儿选择和操作。

在数学活动过程中，观察幼儿的差异表现并采取适宜的方法指导。如对于缺乏概括抽象能力的幼儿，可引导其总结概括，并适当加以点拨和启发。对于经验不足、缺乏概括材料的幼儿，则可单独提供一些操作练习机会，增加其学习经验。

2. 树立差异性评价和多元评价观

教师应尊重幼儿在数学学习中发展水平、学习速度、学习方式等方面的差异,不在幼儿间做横向比较,不用固定答案衡量幼儿。评价时不仅仅关注数学认知,幼儿学习数学的兴趣、学习习惯、合作交流能力都是评价的重要内容。

（五）兴趣性原则

兴趣性原则是指在数学活动中要充分调动幼儿学习的积极性,使幼儿乐于参与数学活动并产生愉快的情绪体验。数学知识抽象性、逻辑性的特点使得成人必须考虑幼儿数学学习的趣味性问题。具体要求如下。

1. 提供难易适度的教育内容

教育内容是影响幼儿学习数学兴趣的因素之一。太难或过于简单的内容都会让幼儿产生厌烦情绪。如某教师让 4 岁的幼儿学习按二维角度判断物体的排列次序,超出了幼儿的认知水平。活动中,幼儿干脆放弃了操作任务。

2. 采用游戏的方式组织活动

游戏的方式非常适合幼儿活泼好动及思维具体形象的特点,能有效激发幼儿的学习兴趣。有规则的数学游戏是幼儿非常喜爱的一种形式,教师可以运用这种形式让幼儿学习并巩固数学知识。如让幼儿区分几何图形,可以做"图形宝宝"找家的游戏。此外,通过创设游戏情境,调动幼儿学习的积极性。如小班幼儿认识"5 以内数"的活动中,教师创设了"小兔子过生日"的情境,通过数朋友送给小兔的礼物及幼儿送小兔礼物等情节,使幼儿轻松、愉快地掌握了 5 以内数。

思考与练习

1. 简述学前儿童数学教育的意义。
2. 简述学前儿童数学学习的心理特点。
3. 对儿童进行数学教育应遵循哪些原则?

第 二 章
学前儿童数学教育的目标和内容

学习目标

1. 掌握学前儿童数学教育总目标及年龄段目标的内容。
2. 了解学前儿童数学教育的内容范畴。
3. 掌握学前儿童数学教育内容的选编要求。

第一节　学前儿童数学教育目标

　　教育目标是指教育者在活动之前对活动结果的一种期望,也就是说教育目标是一种对教育结果的规定性。学前儿童数学教育目标指明了学前儿童数学教育的方向,是制订计划和教育评价的依据。它关系到学前儿童数学教育的全面实施,制约着数学教育的内容、方法的选择以及活动的安排、环境的创设和材料的提供,同时也制约着教师的教育观念和行为。明确学前儿童数学教育的目标,是开展儿童数学教育的一个基本前提。

一、学前儿童数学教育目标制定的依据

　　学前儿童数学教育的目标,是幼儿教育总目标在数学教育中的具体体现。在制定学前儿童数学教育目标时,要考虑儿童发展的一般规律和年龄特点,也要考虑社会对儿童的要求,同时还要体现数学的学科特点。

　　1. 儿童发展

　　儿童是教育的对象,其身心发展水平、需要、发展的可能性和发展的规律性,是教育目标制定的依据之一。学前儿童数学教育目标的制定要依据儿童的发展水平,满足儿童发展的需要并促进儿童的发展。例如,儿童数学概念的发展、初步逻辑思维的发展有着从具体操作层面逐步向抽象层面过渡的特点,由此启示教育者以此为依据,提出"在生活和游戏中感受事物的数量关系并体验到数学的重要和有趣"的数学教育总目标,强调让儿童感受数量关系获得数学感性经验,而不要求儿童记忆数学概念。又如,儿

童的发展包括认知、社会性、情感方面的整体发展,这就决定了在对儿童进行数学教育时,也要考虑其发展的整体性。因此,在制定数学教育目标时,提出包括认知经验、方法技能、情感态度以及个性品质等方面的综合性教育目标。

2. 社会要求

社会的需要是制定学前儿童数学教育目标的依据之一。不同的社会、不同的时代,对于受教育者的培养规格也会有不同的要求。社会的需要、社会发展的现状和趋势及对人才培养的要求也会影响数学教育目标的制定。

20 世纪 80 年代初,我国刚经历了十年动乱,经济等各方面有待恢复和建设,急需掌握丰富知识的人才。当时幼儿园各学科的教育目标都把传授知识放在首位,同时重视发展幼儿的智力。1981 年 10 月,教育部颁发《幼儿园教育纲要(试行草案)》,数学教育的目标由知识、兴趣、思维能力 3 方面构成:教幼儿掌握 10 以内数的概念和加减运算,学习一些有关几何形体、时间、空间等粗浅的知识;培养幼儿对计算的兴趣;发展幼儿初步抽象思维能力,培养幼儿思维的准确性、灵活性、敏捷性。上述目标是把数学知识的学习放在首位,偏重数学知识的学习,偏重智力的开发。当前社会已进入了信息时代,信息技术的迅速发展导致了知识的激增,尽管人们的知识范围在不断扩大,但相对于日益加快的知识更新速度仍会感到应接不暇。因此,当前儿童数学教育的目标,更注重培养儿童对数学的兴趣,激发儿童主动求知的欲望,这才是儿童终身学习的动力。

3. 学科特点

在制定学前儿童数学教育目标时,不仅要依据儿童发展和社会发展要求,还要考虑数学学科本身的知识体系、学科结构、学科的教育价值、学科的学习规律。例如,数学知识具有抽象性的特点,这对促进儿童思维能力的发展、良好思维品质的形成有着重要的作用。因此,发展儿童思维能力应成为数学教育的核心目标之一。

随着社会的发展,人们对数学这门学科的认识更加全面和深刻。以前认为数学是由繁杂的公式和严密的论证所组成的封闭的知识体系,现在则认为数学不单是一种知识,也是一种方法和处理问题的过程。学习数学必须包含学会应用数学的观点和方法去发现和解决身边生动的实际问题,而不是把数学作为一种知识或是教条。因此,当前学前儿童数学教育目标倡导培养儿童运用数学的意识和能力,使儿童感受到数学在实际生活中的应用,体验到数学的重要性。

二、学前儿童数学教育目标内容及分析

学前儿童数学教育目标体系有横向和纵向的结构,从横向角度看,可以形成多种分类结构;从纵向角度看,它具有一定的层次结构。在此,主要从纵向角度对学前儿童数学教育目标的层次结构进行分析。学前儿童数学教育目标包括以下 3 个层次:学前儿童数学教育总目标、数学教育各年龄阶段目标、数学教育活动目标。了解每一层次结构对数学教育总目标的落实非常重要。

(一)学前儿童数学教育总目标

学前儿童数学教育总目标是国家有关幼儿教育的纲领性文件中制定的,是学前儿童数学教育总的指导精神的体现。2001 年 7 月国家教育部颁发并试行了《幼儿园教育指导纲要(试行)》(以下简称《纲要》),《纲要》将幼儿园教育内容分为健康、语言、科学、社会、艺术 5 个领域,将数学纳入到"科学"领域之中,《纲要》中科学领域的总目标是:

(1)对周围的事物、现象感兴趣,有好奇心和求知欲;

(2)能运用各种感官,动手动脑,探究问题;

(3)能用适当的方式表达、交流探索的过程和结果;

(4)能从生活和游戏中感受事物的数量关系并体验到数学的重要和有趣;

(5)爱护动植物,关心周围环境,亲近大自然,珍惜自然资源,有初步的环保意识。

上述总目标中的第四条"能从生活和游戏中感受事物的数量关系并体验到数学的重要和有趣"是数学教育的总目标。依据《纲要》科学领域总目标所蕴涵的主要价值取向,从认知、情感与态度以及操作技

能3个方面出发,将学前儿童数学教育总目标具体化为以下几个方面:

（1）对周围环境中事物的数量、形状、时间和空间等感兴趣,有好奇心和求知欲,喜欢参加数学活动。

这是有关培养儿童对数学的情感、态度的目标。兴趣、好奇心、求知欲是儿童学习数学的内部动力。学前期数学教育首要目标就是培养儿童对数学的兴趣和主动探索的愿望,使儿童感受到数学是有趣的,愿意学数学。这将为他们所进行的智力活动提供最佳的情绪背景,为其今后的数学学习奠定良好的基础。

（2）能从生活和游戏中感受事物的数量关系,获得有关数、量、形、时间和空间的感性经验,体验数学的重要和有趣。

这是有关儿童学习数学知识方面的目标。应从以下两个方面理解:首先,该目标指出儿童应获取的数学知识包括数、量、形、时间和空间几部分,并且对儿童获取的数学知识的性质作了明确定位。儿童获取的数学知识是经验性的、具体的知识,建构的是初级数学概念。这就指明了儿童数学教育与其他年龄段数学教育的不同之处。例如,儿童认识正方形,看到图形能叫出名称,会辨认即可,而不能让儿童记一些抽象的图形概念。

其次,该目标指出儿童是在生活和游戏中、在与环境的交互相互作用中获得数学感性经验的。在数学教育中要让儿童自己建构数学知识,而不是由成人传授数学知识。此外,儿童在建构数学知识的过程中,就会产生对数学的兴趣,形成对数学的积极情感和态度。

（3）学习用简单的数学方法,解决生活和游戏中某些简单的问题,能用适当的方式表达、交流操作、探索问题的过程和结果。

这是有关培养幼儿认知能力,特别是发展思维能力的目标。首先,该目标提出数学教育应重视儿童认知能力的发展,特别是思维能力的发展。数学知识本身的逻辑性、抽象性、应用性的特点使其对儿童初步的逻辑思维能力发展有特殊的价值。儿童在建构一些初级数学概念过程中,需要对所操作的材料、环境中的有关数、量、形等信息进行充分观察,对其进行比较、分析、综合、抽象和概括才能将有关数学概念的本质(或关键)属性从具体事物中抽象出来,这一过程对促进儿童观察力、注意力、记忆力、想象力,尤其是思维能力的发展具有积极的作用。

其次,该目标提出能用适当的方式表达、交流其操作、探索问题的过程和结果。在数学活动中,要求儿童将其在操作、探索过程中的感受、体验外化和具体化,这样可以加深儿童对数量关系的感受和体验。同时也指出,儿童的数学学习是在与老师、同伴的交流中进行的,是共同建构数学知识的过程。

（4）会正确使用数学活动材料,能按规则进行活动,有良好的学习习惯。

该目标是关于培养儿童正确使用数学操作活动材料及培养良好学习习惯的目标。为什么要提出培养操作技能的目标? 这是儿童学习数学的特点决定的。因为儿童的数学思维来自于动作,因此,幼儿只有掌握一定的操作技能,学会正确使用操作材料,才能获得对数量关系的感知和认识。

另外,在数学教育中还要培养儿童良好的学习习惯。良好的学习习惯对儿童当前及今后的学习具有重要作用。良好的学习习惯如"静心学习、细心学习、认真学习,发挥独立性和主动性,努力克服困难、善于思考等习惯"①。另外,还应培养其能按规则进行活动,能探索解决问题的办法,能与别人合作进行游戏等习惯。

从上述对目标内容的分析可以看出,学前儿童数学教育的目标是幼儿全面发展教育目标在数学学科的具体体现。在学前儿童数学教育实践中,应全面贯彻总目标的精神,不可偏废。

（二）学前儿童数学教育的年龄段目标

儿童数学教育的年龄段目标是总目标的具体化,反映了对不同年段儿童数学能力发展的要求。《3~6岁儿童学习与发展指南》科学领域中的数学认知部分对各年龄段儿童提出的发展目标如下所述。

---

① 卢乐山:学前教育原理[M].北京:北京师范大学出版社,1991:266.

目标 1　初步感知生活中数学的有用和有趣

3～4 岁	4～5 岁	5～6 岁
1. 感知和发现周围物体的形状是多种多样的，对不同的形状感兴趣 2. 体验和发现生活中很多地方都用到数	1. 在指导下，感知和体会有些事物可以用形状来描述 2. 在指导下，感知和体会有些事物可以用数来描述，对环境中各种数字的含义有进一步探究的兴趣	1. 能发现事物简单的排列规律，并尝试创造新的排列规律 2. 能发现生活中许多问题都可以用数学的方法来解决，体验解决问题的乐趣

目标 2　感知和理解数、量及数量关系

3～4 岁	4～5 岁	5～6 岁
1. 能感知和区分物体的大小、多少、高矮长短等量方面的特点，并能用相应的词表示 2. 能通过一一对应的方法比较两组物体的多少 3. 能手口一致地点数 5 个以内的物体，并能说出总数。能按数取物 4. 能用数词描述事物或动作。如我有 4 本图书	1. 能感知和区分物体的粗细、厚薄、轻重等量方面的特点，并能用相应的词语描述 2. 能通过数数比较两组物体的多少 3. 能通过实际操作理解数与数之间的关系，如 5 比 4 多 1；2 和 3 合在一起是 5 4. 会用数词描述事物的排列顺序和位置	1. 初步理解量的相对性 2. 借助实际情境和操作（如合并或拿取）理解"加"和"减"的实际意义 3. 能通过实物操作或其他方法进行 10 以内的加减运算 4. 能用简单的记录表、统计图等表示简单的数量关系

目标 3　感知形状与空间关系

3～4 岁	4～5 岁	5～6 岁
1. 能注意物体较明显的形状特征，并能用自己的语言描述 2. 能感知物体基本的空间位置与方位，理解上下、前后、里外等方位词	1. 能感知物体的形体结构特征，画出或拼搭出该物体的造型 2. 能感知和发现常见几何图形的基本特征，并能进行分类 3. 能使用上下、前后、里外、中间、旁边等方位词描述物体的位置和运动方向	1. 能用常见的几何形体有创意地拼搭和画出物体的造型 2. 能按语言指示或根据简单示意图正确取放物品 3. 能辨别自己的左右

第二节　学前儿童数学教育内容

　　学前儿童数学教育的内容是实现学前儿童数学教育目标的载体和媒介，也是教师从事数学教育活动的主要依据。了解并掌握儿童数学教育的内容，是开展数学教育的基础。

一、学前儿童数学教育内容简介

　　《幼儿园教育指导纲要（试行）》中科学领域内容与要求第五条指出："引导幼儿对周围环境中的数、量、形、时间和空间等现象产生兴趣，建构初步的数概念，并学习用简单的数学方法解决生活和游戏中某些简单的问题。"具体来说，学前儿童数学教育内容包括以下几个方面。

　　1. 分类、排序与对应

　　（1）物体的分类。

　　（2）物体的排序。

　　（3）对应比较两组物体（集合）数量的多少。

　　儿童逻辑观念的发展，是其学习数学的重要心理准备，如一一对应观念、序列观念、类及类包含观念等。分类、排序和对应这些内容为儿童建构类、序及对应的心理运算结构奠定基础，是儿童数学概念发展的基础。因此，分类、排序、对应也是儿童数学教育的重要内容。

2. 数、计数和数的运算

（1）数。10 以内的基数、序数、数量的比较与守恒、相邻数、单双数、零、数的组成、数字的认读、书写及在生活中的运用。

（2）计数。口头点数、按物点数、目测数数、按群数数。

（3）数的运算。10 以内数的加减运算、编 10 以内的加减应用题、人民币元、角、分的兑换关系。

3. 量的比较与测量

（1）比较物体量的差异。如大小、长短、粗细、高矮、厚薄、宽窄、轻重、远近等。

（2）简单的测量。如长度、重量、面积、温度等的测量和估计，测量手段在生活中的应用。

4. 几何形体

（1）初步认识平面图形。包括圆形、正方形、三角形、长方形、椭圆形、梯形。

（2）初步认识立体图形。包括球体、圆柱体、正方体、长方体。

（3）初步认识几何图形间的关系（如平面图形的分割和拼合）。

5. 时间和空间

（1）初步建立时间概念，如白天、黑夜、早晨、晚上、昨天、今天、明天、星期、年月的名称及顺序，认识整点、半点。

（2）学习判断空间方位，如上下、前后、里外、左右。

（3）空间运动方向，向上、向下、向前、向后、向左、向右。

6. 体验数量关系

数量关系反映了数学知识间的内在联系和规律性。在儿童学习数学知识的过程中，引导儿童体验数量关系，能有效促进儿童思维能力的发展。北京师范大学林嘉绥教授将儿童数学教育内容中隐含的数量关系进行了归纳：

（1）"1"和"许多"关系。"1"和"许多"的关系体现了集合与元素的关系。许多可以分成 1 个、1 个、又 1 个……1 个、1 个、又 1 个合起来就成了许多。

（2）对应关系。这里特指一一对应关系。在儿童未认数之前，运用对应关系是比较两组物体数量多少的唯一方法。

（3）大小和多少关系。数和量存在多少和大小的关系，它使物体从数或量上做出区别。如大皮球和小皮球、4 多 3 少等。

（4）等量关系。是指物体在数和量方面的相等关系。整体可以分成若干相等或不相等的部分，各部分之和等于整体。如整体分成相等的部分，各部分之间也形成等量关系。

（5）守恒关系。图形、数和量均存在守恒关系。如一段绳子，无论是直还是弯曲，其长度不变。

（6）可逆关系。指可从正反两个方向进行的排序或运算。量和数的序列中存在可逆关系，另外，加和减互为逆运算。

（7）等差关系。例如，1～10 的数列中存在等差关系。2 比 1 多 1，3 比 2 多 1，4 比 3 多 1……。

（8）互补关系。指当整体分为两部分时，部分之间存在着消长、增减关系。例如，数的组成中的两个部分数之间就存在着互补关系。

（9）互换关系。指部分位置变化不影响整体。例如，加法中存在互换关系，两个加数交换位置，和不变。

（10）传递关系。可理解为因为 $A > B$，$B > C$，所以 $A > C$。这种传递关系也是简单的推理过程。

（11）包含关系。即整体包含部分，部分包含于整体。它们之间是类（集）和子类（子集）的关系。

（12）函数关系。指的是当整体分成相等的部分时，分的份数越多，则每份数越少，反之，每份数越大，份数则越少。例如，在教学中用脚步测量一段距离，请儿童思考为什么教师量的数少，而小朋友量的数多呢？这就是引导儿童体验函数关系。

数量关系是数学教育中促进儿童思维发展的核心因素。在数学教育中让儿童体验数量关系应注意以下两点：

① 教师要明确每项数学教育内容中所蕴涵的数量关系。例如，教大班幼儿学习倒数，倒数这项内容中包含着等差关系，即倒数时 1 个数比一个数少 1，还包含可逆关系，即数列可以正着排，也可以逆着排

在教学中应让儿童体验这些数量关系,而不是教儿童会背诵。

②应通过儿童的操作、探索活动让儿童体验数量关系。同时,教师也可以提出具体的问题引发儿童的思考,鼓励儿童尝试表述。在这个过程中,儿童思维能力就能得到同步增长。

二、学前儿童数学教育内容的选择与编排

1. 数学教育内容的选择要求

选择学前儿童数学教育的内容要遵循以下几项要求:

（1）体现启蒙性。启蒙性一是指儿童对所学的数学知识有所感知和体验即可,不要求对数学的某一内容形成概念。二是指要选择有利于儿童当前学习,又有利于他们入小学后继续学习数学的内容。对学前儿童进行数学教育的目的是培养儿童学习数学的兴趣,让儿童掌握一个了解和认识世界的工具,对数学知识的学习不是学前期的主要目的。

（2）体现生活性。生活性是指数学教育的内容应与儿童的实际生活需要紧密联系。现有儿童数学教育的内容包括数、量、形、时间和空间,这些内容都是儿童生活中经常接触到的,是解决生活中的问题所必需的内容。

（3）体现可接受性。可接受性指的是选择数学教育的内容要考虑学前儿童的认知发展水平。过多过深的内容儿童难以接受和理解,会影响儿童学习数学的兴趣,不利于儿童智力的发展。但是,数学教育内容也不能过于浅显,既适合儿童的发展水平,又具有一定的难度。

2. 学前儿童数学教育内容的编排

学前儿童数学教育内容的编排要求如下:

（1）遵循儿童数学概念形成和发展的规律。儿童数学概念的形成、发展有一定的规律。例如,儿童对数的理解是先理解基数的含义,发展到理解数的大小,到 5 岁左右才能理解数的组成。再如,儿童认识空间方位的顺序是先上下、再前后,到左右,而且判断空间方位是以自身为中心过渡到以客体为中心。因此,编排数学教育内容时要充分考虑各年龄段儿童的数学概念发展特点及认知水平。表 2-1 指出了各年龄段儿童数学教育的内容。

表 2-1 学前儿童数学教育各年龄班内容及要求

内容＼班级	小 班	中 班	大 班
感知集合	1. 根据范例和口头指示从一堆物体中分出一组物体 2. 按物体的某一特征进行分类 3. 体验"1"和"许多"及其关系 4. 能用一一对应的方法来比较两个集合元素的多、少、一样多	1. 能从一堆物体中把不属于这一集合的元素找出来 2. 能按物体两个特征分类 3. 进一步以对应方法比较不同类物体或圆点的多、少、一样多	1. 对集合进行层级分类,体验集和子集的包含关系 2. 能对物体集合进行多重分类
10 以内数的概念	1. 手口一致地点数 5 以内的物体,说出总数 2. 会按实物范例和指定的数目取出相等数量的物体。学习一些常用量词	1. 正确点数 10 以内的物体并说出总数 2. 学习目测数数,不受物体的大小、形状和排列形式的影响,正确判断 10 以内物体的数量（数的守恒） 3. 感知和体验 10 以内自然数列中相邻两数的等差关系 4. 学习 10 以内的序数,理解序数含义,会用序数词表示物体在序列中的位置;学习从不同方向判断物体在序列中的位置 5. 认识阿拉伯数字 1～10,会用数字表示物体的数量	1. 会 10 以内的数倒着数,注意生活中运用顺、倒数的有关事例 2. 认识 10 以内的相邻数。体验 10 以内数列中的数的相对关系 3. 学习目测数群及按群计数 4. 学习 10 以内数的组成,体验总数和部分间的等量、互补、互换关系 5. 正确书写 10 以内的阿拉伯数字,知道数字在生活中的广泛运用

内容　　班级	小　班	中　班	大　班
10 以内数的加减运算			1. 解答简单的求和(求剩余)口述应用题;理解加减法含义,感知体验加减互逆关系。认识运算符号及加减算式并知道算式表示的意义 2. 学习自编 10 以内的加减应用题
量的比较及自然测量	1. 区别大小和长短不同的物体并掌握词汇 2. 从 4 个以内物体中找出并说出最大(最长)的和最小(最短)的物体 3. 按物体的颜色、形状或大小、长短差异进行 4 个以内物体的正逆排序 4. 能仿照简单的规律给物体排序	1. 区别粗细、厚薄、高矮、轻重不同的两个物体并掌握词汇 2. 从几个物体中找出等量的物体 3. 按物体量的差异(粗细、厚薄、高矮等)和数量多少进行 7 个以内物体的正逆排序。感知、体验连续量之间的相对关系 4. 会按一定规律排序	1. 会用目测、自然测量的方法比较物体量的差异,能正确表达测量结果 2. 感知量的守恒 3. 按物体量的差异和数量多少进行 10 个以内物体的正逆排序,进一步感知连续量之间的可逆、传递、相对关系 4. 会创造规律进行排序
几何形体	把圆形、三角形和正方形从具体物品中分离出来,能辨认、说出名称	1. 把长方形、椭圆形和梯形从具体物品中分离出来,说出名称,体验图形的特征 2. 学习不受颜色、大小、摆放位置的影响,正确辨认图形(形状守恒) 3. 初步感知平面图形间的简单关系	1. 辨认常见的几何体(球体、正方体和长方体、圆柱体),说出名称;从周围环境中找出与几何体相似的物体 2. 区分平面图形和立体图形,感知二者之间的关系 3. 把一个实物或图形二等分、四等分,体验等分中的包含、等量关系
空间	1. 区分、说出以自身为中心的上下方位,包括自己身体部位的上下位置,在自己上面的物体,在自己下面的物体 2. 学习判断两个物体之间明显的上下关系,能用语言表述	1. 区分并说出以客体为中心的物体间的上下、前后、里外的空间方位 2. 会按指定的方向(向上、向下或向前、向后)运动	1. 学习以自身为中心区分左右方位(区分自己左、右手,自己与物体的左右方位、物体与物体的左右方位) 2. 会向左、向右方向运动
时间	初步理解早上、晚上(白天、黑夜)的含义并正确使用词汇	1. 理解昨天、今天、明天的含义,初步感知它们之间关系,正确使用词汇 2. 初步体验时间与事件顺序关系	1. 认识时钟,知道表示时间的单位,学会看整点和半点 2. 认识一周各日的名称及顺序 3. 了解时间与事件顺序的关系,时间与生活、生命的关系、建立初步的时间概念

注:表中指出了不同年龄阶段儿童应该学习的数学内容和可能达到的发展水平,可作为教师制定数学教育进度和确定教育内容和要求时的参考。参考时需注意以下两点:

① 上述儿童数学教育内容的编排考虑到了数学知识系统性的特点,它有助于教师掌握不同年龄儿童数学教育的内容。但是,注意不要将其书本化、成人化。在遵循数学知识系统性的基础上,要体现数学教育内容的生活化,选择设计数学教育内容时注意密切联系幼儿的生活。

② 在教育实践中应结合本地区、本园、班级儿童的实际年龄、实际数学能力灵活掌握。例如,序数教育根据儿童实际年龄可以安排在中班下期进行,也可以在大班上期进行。

（2）考虑数学知识的系统性。数学是一门系统性强、逻辑严密的学科。因此,数学教育的内容编排应体现数学知识的系统性。要考虑内容的前后联系,前面的内容为后面打基础,后面的内容是前面的发展和提高。此外,还要考虑各部分内容之间的有机联系和配合。内容编排应由浅入深、逐步扩展、螺旋上升。

思考与练习

1. 学前儿童数学教育的总目标是什么?
2. 学前儿童数学教育的内容包括哪些?
3. 学前儿童数学教育内容中蕴涵哪些数量关系? 让儿童体验数量关系的要求是什么?
4. 学前儿童数学教育内容的选择要求是什么?
5. 学前儿童数学教育内容的编排要求是什么?
6. 阅读幼儿园教材,了解其中数学教育内容的编排。

第三章

学前儿童数学教育的途径与方法

📖 **学习目标**

1. 了解不同的数学教育途径的特点及对儿童数学学习的价值。
2. 掌握渗透的数学教育活动的实施要求。
3. 了解数学教育常用方法并学会运用。

第一节　学前儿童数学教育的途径

学前儿童数学教育的途径是指实施数学教育所采用的活动形式。2001 年颁布的《幼儿园教育指导纲要(试行)》第三部分组织与实施中指出:"幼儿园的教育活动,是教师以多种形式有目的、有计划地引导幼儿生动、活泼、主动活动的教育过程。"学前儿童数学教育的途径是多方面的,包括专门的数学教育活动和渗透的数学教育活动。教师应理解和掌握不同途径对儿童数学概念及整体发展的促进作用,能灵活运用多种途径对儿童实施数学教育。

一、专门的数学教育活动

专门的学前儿童数学教育活动,是指教师组织或安排专门的时间让儿童参加的数学活动。专门的数学教育活动分为以下两种类型:数学集体教学活动、数学区角活动。

（一）数学集体教学活动

数学集体教学活动是指教师依据数学教育的目标,确定课题内容,提供活动空间和相应材料,组织全班儿童参加的活动。数学集体教学活动是儿童数学教育的主要途径之一。

1. 数学集体教学活动的特点

（1）教师确定统一的学习内容。数学集体教学活动内容,一般是教师参考各年龄段儿童数学学习的内容与要求,根据本班幼儿实际年龄、数学能力实际发展水平而确定。

（2）教师提供材料,儿童操作。教师根据活动内容,给儿童提供操作材料,教师对儿童的操作给予观察、指导。

（3）学习过程中教师直接指导较多，时间和空间受限制。数学集体教学活动由教师先设计一个活动方案，包括活动的顺序和步骤、学习时间安排、活动空间的布置和利用。儿童在教师的指导下，有步骤地开展活动。

2. 数学集体教学活动的价值

（1）能使全体儿童获得数学学习与发展的关键经验。儿童的数学学习既是个人反省抽象的结果，也具有社会传递的特点。儿童无法仅靠日常生活中获得的零散的、模糊的、表面的数学经验来理解数学概念的本质属性。数学集体教学活动是教师经过系统的思考和精心的设计，教师在活动中创设适宜的数学问题情景，提供具有典型意义的材料，设计富有启发性的问题，使每个儿童参与到活动中来，引导着儿童的发展。

（2）教师的指导有助于儿童数学经验的提升。在集体教学活动中，教师充分调动儿童学习的积极性，对儿童在活动中的表现给予及时的反馈，或引导儿童理解活动规则，或向儿童提出更高层次的任务。在儿童操作活动的基础上，教师组织儿童进行讨论、交流，帮助儿童整理、归纳所获得的数学经验，从而有效提升儿童的数学经验，帮助儿童形成对数学概念正确的、概括的理解。

（3）集体教学中的同伴互动有利于儿童反省自己的思维过程，丰富自己的数学经验。在集体的共同学习中，儿童之间能彼此影响、相互促进。不同水平儿童之间的讨论能够引发其认知冲突，促使儿童在与同伴的争论中反省自己的思维过程，进一步明确问题、理清思路、寻找到解决问题的方法。同一水平的儿童也能在相互交流中丰富自己的数学经验。

（二）数学区角活动

数学区角活动是指在儿童的活动室或其他活动场所，开辟一个专门的数学学习区域，提供丰富多样的数学材料和学具，儿童在其中可以自由选择内容并进行探索，进行数学学习。从建构主义学习理论来看，儿童主动建构自己的认知结构，关键在于教育者和儿童间的相互作用，这个作用除了直接的"教"之外，还可以通过中介，或人际环境，或物质环境。教师把教育意图客体化为一个富有教育性的环境，通过人或物调控教育过程，使儿童在与材料的相互作用中，获得有关数学经验。

1. 数学区角活动的特点

（1）教师在区角中投放丰富多样的数学材料和学具，儿童自己选择活动内容和材料。

（2）没有具体的活动计划和要求儿童一定要达到的活动目标，但是它服从于学前儿童数学教育的总目标。

（3）教师以间接指导为主。儿童主要在与材料的相互作用中学习，教师观察儿童的活动，必要时提供语言和材料上的帮助。

（4）儿童个人或几人结伴在一起活动，以个别活动和小组活动为主。

2. 数学区角活动的价值

数学区角活动对儿童数学学习的作用体现在以下几个方面：

（1）有助于培养儿童对数学活动的兴趣。数学区角活动是儿童的自主活动，能满足儿童主动探究的愿望，儿童在轻松愉快的环境中做一做，玩一玩，更多地体验到学习数学的乐趣。

（2）能使儿童获得丰富的数学经验。数学区角是教师创设的一个典型的数学环境，儿童接触的是以数学信息为主的材料。这样，儿童就多了一个获取数学知识的途径，在与材料相互作用的过程中建构数学知识，从而获取丰富的数学经验。

（3）能充分发挥儿童的自主性和创造性。在数学教学活动中，虽然幼儿也进行操作，但一般是在教师统一要求下的操作，操作时间也比较短。在数学区角中，幼儿能充分探索，从而最大限度地发展儿童的思维和动手操作能力。

（4）有利于照顾到儿童的个体差异。儿童的数学学习个体差异较大。数学区角为儿童提供了按照自己的兴趣和能力学习的机会，儿童按照自己的学习方式、速度学习，从而在原有基础上获得发展。

上述内容阐述了数学集体教学活动及数学区角活动的特点及价值，在幼儿园数学教育实践中，这两种类型的活动密切联系、相互补充。体现在以下两个方面：

（1）在教育活动形式上可以相互补充。数学集体教学活动以集体或分组（大组）的形式进行，数学区角活动以儿童个别化学习为主，以个别和小组活动方式进行。因此，既为儿童提供社会性发展所需的集体环境，保证全体儿童得到数学启蒙教育，又为儿童提供数学知识自我建构所需的环境，为每个儿童不同的兴趣、爱好和个性发展提供了可能。

（2）在教育内容上可以相互承接。数学集体教学活动的前期经验准备可以在区角中进行。例如，在组织儿童学习数组成的教学活动之前，教师在数学区角投放一些组成学具供儿童操作探索，儿童积累了数的分合经验，为集体教学活动中学习数的组成作好了准备。此外，在区角中进行数学集体教学活动的后期巩固练习。例如，教师组织了认识时钟的集体教学活动后，在数学区角投放了一些钟表卡片，儿童在区角活动时，为卡片上的钟表画上时间，以巩固对时间的认识。

二、渗透的数学教育活动

渗透的数学教育活动，是指渗透于儿童的日常生活、游戏活动、其他领域教育活动中及幼儿园环境中的数学教育。儿童的数学教育，不仅要通过专门的数学教育活动来进行，还要通过渗透的数学教育活动来进行。

（一）渗透的数学教育活动的特点

1. 情境性

情境性指渗透的数学教育往往是在一定的场合、伴随事件进行的。例如，有一名儿童在幼儿园过生日，教师提出了"一块大蛋糕要分多少块"的问题请儿童思考。在这种真实、有意义的情境中，儿童表现出浓厚的学习数学的兴趣。

2. 随机性

随机性指渗透的数学教育的内容、方法、地点、时间比较灵活，教师往往是随机而教。例如，一次户外活动时，有几名儿童捡起了地上的银杏树叶，讨论起它的形状。教师关注到这一情况，就和儿童一起讨论，并引导儿童和三角形进行比较，得出银杏树叶像扇形的结论，丰富了儿童关于形状的知识经验。

3. 个别性

个别性指渗透的数学教育中，教师往往针对的是部分或个别儿童的数学问题，对其进行引导。例如，某个幼儿早上第一个来园，教师和他进行了关于时间的谈话。再如，某一幼儿游戏时在玩积木，教师引导其关注积木的形状。渗透的数学教育活动虽然具有个别性的特点，但是，教师有时也会根据情况把数学问题提出来引起全班儿童的思考和讨论。

（二）渗透的数学教育活动的价值

儿童的年龄特点及数学教育的特点决定了进行渗透的数学教育是非常重要的。

1. 进行渗透的数学教育的可能性

从数学的角度看，数、量、形等是客观事物存在的特点和属性，和客观事物本身是统一的，尤其是儿童学习的基础的数学知识更是如此。儿童在认识周围事物的同时能获得大量的数学感性经验。例如，玩具怎样归类摆放？什么时间上幼儿园？妈妈买回几个苹果？家里的电话号码有哪些数字？我家住在第几号楼？家里谁个子最高等。这些数学经验儿童在生活、游戏等各种活动中都可以获取。

案例1　户外活动中，几个4岁大的孩子正在忙碌着，他们正在积极地把在路上收集到的一堆石头放在地板上的一个大盘子中。并不断在交谈。"我拾到了那一块，它是最大的。""这块石头很重。""那块石头是最小的。""大石头在这里。""不大不小的石头在这里。""看，这里有4块小石头。"

上述案例中，儿童在户外进行着自己感兴趣的活动。从儿童的对话中可以看到数学的存在，儿童在进行分类、比较轻重及计数的活动。数学来源于生活，具有广泛的应用性，人们在进行各种活动时都要接触到数学，这就为开展渗透的数学教育提供了可能。

2. 进行渗透的数学教育的必要性

儿童数学启蒙起始于日常生活经验。美国早期教育家凯米和得弗里根据皮亚杰理论将日常生活情景应用于开展数的教育并取得成功。首先,儿童头脑中的数概念既不来自于书本,也不来自于教师的解释,而是来自于儿童对其生活的现实进行数理逻辑化的思考。例如,儿童用积木给娃娃搭屋子,在这个建构活动中,儿童想办法解决尺寸大小、形状和积木数量问题。这些数学经验正是儿童建构数学概念的基础。此外,儿童在各种活动中会遇到许多与数学相关的事件和问题,产生急切学习的需要。这些事件和问题激发了儿童学习数学的兴趣和动机,对其数学概念的形成起了刺激作用。例如,儿童在分食品时,就会遇到怎样分的问题,他就会想各种办法进行尝试。正是在各种各样的活动和情景中,儿童发展着对数学概念的理解,由此而获得的相关数学经验会存储在儿童的头脑中,等待着以后的整理和提取。儿童在生活等各种活动中积累的数学经验越丰富,就越有利于其数学概念的形成。

(三)渗透的数学教育活动的开展

1. 日常生活中的数学教育渗透

教师在儿童的日常生活活动中引导儿童发现、感受、学习、运用数学。儿童的日常生活活动包括来园、早操、进餐、盥洗、饮水、睡眠、散步等活动环节。在日常生活中渗透数学教育,能让儿童在解决生活问题的过程中感受数学,获取数学经验。

日常生活中渗透数学教育的要求:

(1)引发儿童对周围环境中数、量、形、时间、空间等现象的关注和兴趣,让幼儿在真实的生活情境中获取数学经验。

> **案例2** 今天的午点是饼干,小班的张老师给每一桌分了一盘饼干。然后对小朋友说:"请你们每人拿两块饼干。"小朋友拿了两块饼干。张老师问:"你的饼干是什么形状?"小朋友开始注意饼干的形状,纷纷说:"我的是圆形的。""我的也是圆形的。"有的小朋友咬了一口圆形的饼干,张老师问:"你的饼干现在像什么呢?"

上述案例中,教师在儿童吃午点的环节中渗透数学教育,儿童获得了对形状的认识。有很多数学知识,儿童在日常生活中能获得,如对一周7天顺序的掌握,教师可以通过让儿童记录天气日志而获得认识。教师要在日常生活中关注事物间所蕴涵的数量关系和空间存在形式,适时地揭示事物和现象的数学属性,以丰富儿童的数学经验。

(2)引导儿童将数学经验或概念运用于生活之中,解决生活中的问题。《纲要》中关于学前儿童数学教育的重要指导思想就是重视培养儿童应用数学的意识和能力,即让儿童感受到数学在生活中是存在的,遇到问题可试着用数学的方法去解决。数学教育的目的是使儿童能运用数学的思维方式发现和解决生活中的问题。教师应善于发现儿童生活中遇到的数学问题和数学现象,并引导儿童运用数学知识去解决,以增强儿童运用数学的意识和能力。

> **案例3** 中班刘老师发现明明和乐乐一边用积木搭东西,一边在争论。明明说:"看,我的积木可多了。"乐乐说:"我的才多呢,我有两筐。"明明说:"我的筐大,一大筐才多呢。"两人都认为自己的积木多,一直争论不休。刘老师发现了这一情况,就引导说:"你们说的都有道理,但是怎样知道到底谁的积木多呢?"乐乐和明明想了一会儿说:"可以数一数。"然后两人就开始数积木。

上述案例中,两个儿童的"争论"实际上与数量感知和大小不同筐的容量问题有关。教师启发儿童用计数的方法解决了问题。教师应充分利用发生在日常生活中的事件,引导儿童学数学。例如,小朋友在生活中整理东西时,教师让儿童充当"小管家",把物品按一定的规律分类整理摆放整齐,从中学习分类;教师还可以在生活中有意创设运用数学知识解决问题的机会。例如,经常给儿童提出数学问题,让儿童思考并解决;给儿童布置一些需要运用数学知识来完成的任务,让儿童去做。

2. 游戏活动中的数学教育渗透

游戏是最适合儿童身心发展特点的一种活动,它能带给儿童快乐并使儿童从中受到教育。儿童的游戏中蕴涵着很多数学信息,涉及数、量、形状、空间方位等数学知识,在游戏中渗透数学教育,能使儿童轻松、自然、饶有兴趣地体验、感受和学习数学。

游戏中渗透数学教育的要求:

(1) 在建构游戏中丰富儿童的数学经验。建构游戏是创造性游戏的一种。例如,儿童在运用积木、插塑等材料进行建构时,就能获得关于大小、多少、长短、厚薄、上下、前后、左右、对称、平衡等数学经验,还能认识基本形状,感知比例关系。又如,沙、水也是儿童常玩的建构材料,儿童在玩沙、玩水中,会使用各种大小、形状不同的碗、瓶子、杯子装水、沙并来回翻倒,在这个过程中儿童进行了量的比较并获得量的守恒的感性经验。

(2) 在角色游戏、表演游戏中发展儿童对数学知识和技能的运用能力。角色游戏是儿童创造性反映现实生活的游戏。如角色游戏中娃娃家、商店、银行等许多主题,给儿童提供了学习将各种物品分类摆放,计数、认识钱币和计算的机会。

案例4　一些孩子选择了表演游戏中"小剧场"主题,他们分配搬椅子,布置好了剧场。这时,刘老师启发说:"剧场的座位是有编号的,观众都是按号入座,你们也把座位编上号吧。"几个小朋友一听,非常感兴趣。他们摆好座位后开始制作数字卡,把数字卡贴在椅子上,然后又制作票,写上数字。谁来看木偶戏,就发给他一张票。这时,刘老师扮成剧场经理过来查票,看儿童是否按号入座,让儿童说一说自己坐在几排几号。

上述案例中,教师将数学教育渗透在表演游戏中,在这个过程中,儿童运用序数知识,解决了游戏中的问题。

3. 各领域教育活动中的数学教育渗透

在健康、语言、社会、艺术领域的教育活动中,结合或渗透数学教育,不仅能巩固、加深、补充和促进儿童对数学概念的理解,而且能使儿童的数学学习更为生动和有效。教师要善于挖掘各领域中数学显性或隐性的因素,将数学教育有机融合到里面,以促进儿童数学能力的发展。

(1) 艺术教育活动与数学。美术是造型艺术,儿童在绘画、泥工、剪贴等美术活动中,往往要准确辨认物体的形状、大小比例和位置。如泥工塑造有利于发展儿童对形体的感知、对大小、粗细、轻重等量的比较;剪贴、折纸等纸工活动中渗透了形状、对称、平面图形和立体图形之间的关系的体验和探索。

在音乐教育中,儿童需要感知旋律的快慢、声音的强弱,学习听前奏等,这些是对声音的"量"的感知。教师可以挖掘音乐材料中蕴涵的数学因素,如歌曲《数高楼》的歌词为:"路边大高楼,高耸入云端,弟弟和妹妹,一起数高楼,1层楼,2层楼,3层楼……"其中就蕴涵了对数字顺序的认识。

(2) 健康教育活动与数学。幼儿园的体育活动丰富多彩,儿童在体育活动中的各种动作,都是认识上、下、前、后等空间方位和向上、向下、向左、向右等运动方向的途径。另外,在体育游戏中也可以渗透数学,如在中班"喂你吃"的投掷活动中,将投掷目标设计成动物嘴巴,投放一些点子卡,要求儿童投掷前摸出一张数字卡,根据数字投掷相应数量的沙包。这样既完成了身体的锻炼,也练习了数数,再如大班幼儿跳绳时,可以进行接数、累加和比较数量,或通过速度竞赛活动体验"快"、"慢"与时间段的关系,在投掷活动中获得对远、近的认识等。

(3) 语言教育活动与数学。在语言教育活动中,有一些故事、儿歌中包含有数学知识,如儿歌"一、二、三,爬上山,四、五、六,翻筋斗,七、八、九,拍皮球,张开两只手,十个手指头"。这首儿歌中含有数数的知识,能帮助幼儿记住数的顺序。语言中的故事,往往涉及一些时间概念,如什么时候,在什么地方,谁先来了,谁后来了,这有助于儿童时间概念的发展。

(4) 科学教育活动与数学。数学作为科学领域的一部分,和科学有着密切的联系。在当代社会中,数学的应用越来越广泛,它是人们参加社会生活,从事生产劳动和学习、研究现代科学技术必不可少的工具,它的内容、思想、方法和语言已经广泛渗入自然科学和社会科学。数学的工具性已成为人们的共识。首先,儿童在进行科学探究活动中或多或少都需要运用数学这个工具参与,借助数学,观察、记录在科学探究中的发现。例如,儿童观察、记录植物的发芽时间,测量、记录植物的高度来认识植物生长的速度。再如,在科学活动中,儿童借助于数学的形式记录温度、人们及动植物的活动变化,了解四季的特征,在此基础上,还可以进行统计,对事物形成比较科学清晰的看法。

4. 幼儿园环境中的数学教育渗透

对于学前儿童数学教育来说,能够促进儿童数学概念和数学认知能力发展的有效环境,不仅指活动室或数学区角中的环境创设,而且能借助幼儿园整个活动环境渗透数学。如在活动室、走廊、楼梯、户外操场、盥洗室等地方的墙饰中,体现数学信息。使儿童在充满数学信息的环境中感知数学知识,产生对数学的兴趣[1]。

专门的数学教育活动和渗透的数学教育活动,它们共同实施着数学教育的目标和内容,对儿童进行着数学启蒙教育。在幼儿园数学教育实践中,这两种教育途径不能相互取代,而应使其发挥各自的优势,相互结合、相互补充。例如,小班"一一对应比多少"的教育活动通过各种途径来进行(表3-1),从而使儿童的数学能力获得更好的发展。

表3-1 小班"一一对应比多少"活动的实施途径

专门的数学教育活动		渗透的数学教育活动		
集体教学活动	数学区角活动	日常生活	游戏活动	其他活动
重叠对应比较两组物体多、少、一样多;并放对应比较两组物体多、少、一样多	在数学角投放对应比多少的材料:给小动物戴帽子,给小动物发水果的立体或图片材料	日常生活中让幼儿观察:穿衣服时一个扣子进一个扣眼;排坐位时一个小朋友坐一把椅子;毛巾架上一个钩子挂一条毛巾等	娃娃家餐桌上一个杯子配一个盖子;一个小床上放一个娃娃等	体育游戏"揪尾巴",每个幼儿戴1条尾巴等

第二节 学前儿童数学教育的方法

教育方法是在教育过程中师生为实现教育目标和教育任务所采取的行为方式的总和,既包括教的方法,又包括学的方法,二者密切联系。教育方法是教育目标转化为儿童发展的媒介。本节介绍学前儿童数学教育常用的方法。

一、学前儿童数学教育常用方法

(一) 操作法

操作法是指儿童动手操作学具,在与材料的相互作用的过程中进行探索,获得数学经验、知识和技能的方法。如儿童运用各种材料进行计数、进行几何形体的拼拆、组合等。操作是儿童在头脑中建构初步数学概念的起步,是儿童获得抽象数学概念的必要之路,操作法是儿童数学教育的基本方法。操作法可分为以下两种形式。

1. 探索性操作

围绕某一数学问题,让儿童对实物或图片进行操作、探究,从而获得数学知识的一种操作形式。例

① 黄瑾.幼儿园数学教育与活动设计[M].北京:高等教育出版社,2010:273.

如,在学习"二等分"的教学活动中,教师发给每个儿童长方形纸,要求儿童探索把长方形纸二等分的方法有几种。探索性操作能充分发挥儿童学习的主动性,提高儿童探索、解决问题的能力。

2. 验证性操作

教师先讲解、演示、归纳,再让儿童通过实物或图片进行操作验证而获得数学知识的一种操作形式。例如,在"认识钟表"的教学中,教师演示了整点时的时针和分针位置后,要求儿童在钟表模型上练习拨出几个整点时间。验证性操作有助于儿童对已学数学知识的进一步巩固、理解,促进数学知识的内化。

运用操作法的要求:

(1)提供合适的、充足的操作材料。最好人手一套材料,使每个儿童都有操作的机会。

(2)操作前提出明确的操作要求,使儿童明确操作的程序和方法。小班幼儿一般是在教师的引导下进行操作,对于中大班的幼儿,教师要注意让他们主动探索,可用富有启发性的语言提出操作要求。

(3)给予儿童充足的操作时间。儿童通过操作物体,使动作内化为思维活动需要一个过程,要给儿童留有一定的操作时间。

(4)观察儿童操作过程并给予指导。教师通过观察儿童操作并发现问题,及时做出分析,是属于思维上的障碍,还是动作上的障碍,或是材料的问题。根据观察到的情况给予必要的指导,可向个别或全班儿童提出启发性的问题。

(5)鼓励儿童在操作过程中动手又动口。语言是儿童表征的一种重要方式。儿童在操作时,教师要给儿童的语言表述创造条件。如教师可以问一些问题:你是怎样做的? 为什么要这样做? 让儿童把自己的操作方法、操作结果表述出来。

(6)总结操作结果。总结操作结果是促使儿童数学学习深入进行、促进儿童思维能力发展的重要环节。儿童之间存在个别差异,对操作结果认识的深度和广度不同,需教师引导儿童一起讨论、交流。有些数学概念、数量关系也需要帮助儿童整理、归纳,才能使儿童获得清晰、完整的认识。

(二)游戏法

游戏法指的是将抽象的数学知识寓于儿童感兴趣的游戏中,使儿童在愉快的游戏活动中学习数学。游戏法有利于调动儿童学习数学的积极性,激发儿童学习数学的兴趣。在数学教育活动中教师创设游戏情境或在数学教育中运用数学游戏都是运用了游戏法。数学游戏是成人创编的用于儿童学习数学的一种规则游戏。常用的数学游戏有以下几种:

(1)操作性数学游戏。儿童操作玩具、实物材料,按照游戏规则学习数学的一种游戏。

例如,钓鱼

目的:练习10以内加减。

准备:硬纸制成各种小鱼若干条,每条鱼上别上曲别针,钓竿数根,鱼钩可以用一小块吸铁石代替。卡片若干张(每张卡片上分别写有"1＋2＝　　4＋2＝"的试题当作钓鱼的票证)。

玩法:钓鱼前幼儿先拿几张票证,算出票面上试题得数,按照得数去钓鱼。

(2)情节性数学游戏。这类游戏有情节、有主题,儿童在一定的情境下学习数学。

例如,买玩具

目的:练习5以内的序数。

准备:3层小货架一个,每层上面摆5个幼儿喜欢的玩具。

玩法:幼儿扮演顾客,教师扮演售货员,幼儿买玩具时需说出要买第几层第几个什么玩具。如:"我买第3层的第2个汽车玩具",说对了,教师就把玩具拿给幼儿。

(3)竞赛性数学游戏。此类游戏加入了竞赛成分,竞赛可以在小朋友之间或小组之间进行。竞赛性数学游戏有助于促进儿童思维敏捷性和灵活性的发展,也有利于儿童之间的合作与交流。

例如，图形棋

目的：复习认识圆形、三角形、正方形。

准备：纸制棋盘一张；棋子若干；骰子一个，六面分别是1~6的圆点。

玩法：玩时先由一位幼儿抛骰子，然后根据骰子上的圆点数走相应数量的格子，例如，骰子上的圆点数是2，棋子就向前走两格，并说出这个格子内的图形名称及其颜色或大小特征，如"红色三角形""大的三角形"。对能力强的幼儿，可鼓励其说出图形的三维特征，如"大的红的三角形"。另一位幼儿同法操作。两名幼儿依次轮流，先到终点红旗处者为胜。

（4）运动性数学游戏。此类游戏和体育活动结合起来，在活动的同时学习了相关的数学知识。

例如，变成单双数

目的：巩固对单数、双数的认识。

准备：比较开阔的场地。

玩法：幼儿拉起圈边走边唱儿歌，教师说："请小朋友变成双数"，幼儿自由选择伙伴抱在一起，必须是2，4，6等双数。教师引导幼儿点数、检查。也可以让幼儿组合成单数。

（5）运用各种感官的数学游戏。此类游戏的设计让儿童运用听觉、触觉、运动觉来学习相关的数学知识。

例如，摸箱

目的：比较粗细。

准备：较大的纸箱一个，上面挖一个大孔，纸箱里放各种不同粗细的物品（如电池、笔、饮料罐、小棒等）。

玩法：击鼓传花的形式，轮到的幼儿来摸箱。教师说："请你摸出两样东西。"（可以依次摸出）儿童摸出后比较，并说出比较结果。如："我摸的是电池和铅笔，电池粗，铅笔细。"

运用游戏法的要求：

（1）编制的游戏要紧扣数学教育内容，规则和玩法不要过于复杂和新奇，要通过游戏达到学习数学的目的。

（2）根据儿童的年龄特点选择或编制游戏，如竞赛性数学游戏比较适合大班幼儿。

（3）避免只关注游戏形式，组织数学游戏时要突出数、量、形信息，以达到好的教育效果。

（三）寻找法

寻找法是指让儿童从周围环境和事物中寻找数、量、形及其关系，或在直接感知的基础上按数、量、形要求寻找相应实物的一种方法。寻找法在不同的年龄班，不同数学教育内容中都有广泛的运用。通过寻找周围环境中的数学信息，引起了儿童对周围环境中所蕴涵的数量关系的关注，同时也培养了儿童运用数学知识解决问题的意识和能力。寻找法有以下几种形式：

（1）在未经准备的环境中寻找。教师利用现有的周围环境让儿童寻找。如儿童认识了圆柱体，教师让儿童找一找活动室里什么东西像圆柱体。户外活动时，让儿童在院子里寻找最粗和最细的树。再如，小班幼儿认识了2，教师让幼儿找一找自己或同伴的身上什么是2个。

（2）在布置好的环境中寻找。教师布置好环境，在环境中突出所要寻找的数学信息。例如，教师在活动室的墙面上、桌子上布置许多3个的物品，然后让儿童寻找活动室什么东西是3个；教师在筐里放上不同形状的物品，让儿童把其中的球体找出来。

（3）运用记忆表象寻找。教师启发儿童回忆相关的生活经验，与数学知识之间建立起联系。例如，儿童认识比较了粗细,教师让儿童想两样东西比粗细。

运用寻找法的要求:

(1) 根据儿童的年龄选用不同的寻找形式。在未经准备的环境中寻找,需要儿童对空间的所有物体进行分析,并排除物体排列形式的干扰,抽象出它们的数量关系,比在准备好的环境中寻找要困难。运用记忆表象寻找,需要儿童具有一定的知识经验,一般在中、大班运用。

(2) 运用寻找法时,可以配合创设游戏情景以引发儿童的兴趣。

（四）比较法

比较法是儿童通过对两个(或两组)以上物体的比较,找出物体在数、量、形等方面的相同与不同的一种方法。比较是思维的一个过程,是对物体之间的某些属性上建立关系的过程。如学习几何形体时,进行图形与图形的比较,使儿童发现图形的不同特征;感知物体量的时候,通过比较找出物体量的差异;学习数时,进行数的大小、数量多少的比较。比较法按排列形式分为以下两种。

1. 对应比较

(1) 重叠对应比较。将一个(组)物体与另一个(组)物体一一对应叠放。如将圆形重叠在椭圆形的上面,比较两者的不同。

(2) 并放对应比较。将一个(组)物体一一对应放在另一个(组)物体下面(旁边)。如将两个不同大小的长方形并放在一起进行比较。

(3) 连线比较。将图片上面画的物体、形状或数字等,用(画)线联系起来比较,如图3-1所示。

图3-1

2. 非对应比较

(1) 单排比较。将物体按量或数排成一行或一列进行比较。如3只皮球摆成一行比较其大小。

(2) 双排比较。将物体摆成双排进行比较。

运用比较法的要求:

(1) 比较时应让儿童先仔细观察物体的数、量、形特征,然后再比较。教师提出启发性问题,引导儿童积极思考。

(2) 儿童进行操作比较时,注意教儿童掌握正确的比较方法。如儿童在比较几本书的厚薄时,让儿童把书重叠在一起,从侧面观察厚薄。

(3) 运用对应比较形式时应有意识地指导儿童理解对应(配对)的含义并掌握正确对应的技能。

（五）讨论法

讨论法指的是让儿童充分发表自己的意见和看法,通过师幼之间的、同伴之间的相互交流,探讨性地学习数学的方法。讨论不仅有助于儿童思维能力的发展,更重要的是通过讨论促进了儿童之间相互的交流,达到互相启发、共同学习的目的。

讨论可以是教师针对某一问题有目的有计划地组织儿童开展的讨论。如儿童通过操作纪录了5的组成式,教师为了让儿童把部分数有顺序地排列,提出问题:“怎样记组成式方便?”引起儿童的讨论。

运用讨论法的要求:

(1) 以操作体验和丰富的生活经验作为讨论的基础。儿童只有具备一定的知识经验和心理准备,才能对要讨论的内容做出积极的反应,才能接受讨论的最后结果。

（2）注重讨论的过程。通过讨论得出一个正确的答案并不是最重要的,重要的是讨论给了儿童一个表达和交流的机会,教师要鼓励儿童大胆发言,注意倾听儿童的意见,关注儿童个体的经验和感受,了解儿童的思维方式和思维过程。

（六）演示、讲解法

教师通过演示,把抽象的数、量、形等知识、技能和规则呈现出来的一种教学方法。演示、讲解法具有直观形象的特点,有助于儿童理解数学知识。在数学学习中,以下情况需要运用演示、讲解法:

（1）某些数学知识、技能需要教师教给儿童。如认识整点和半点、自然测量的方法、书写数字,算式中的运算符号等。

（2）儿童操作后,需要运用演示法把儿童通过操作获得的结果呈现出来。例如,儿童探索了把长方形二等分的方法有3种,教师把这3种方法演示出来,使儿童获得完整而清晰的认识。

（3）在数学活动中出现了新的操作材料,需要教师讲解规则、示范用法。此外,当小班幼儿掌握不住操作方法时,也需要教师演示。

运用演示、讲解法的要求:

（1）演示与讲解相结合。教师在演示教具的同时应给予说明和解释,使儿童对演示中的数、量、形等数学知识、所要掌握的技能和活动规则有较清楚的了解和认识。在演示讲解的过程中提启发性问题,引导儿童积极思考。

（2）演示所用的教具应准确反映教育内容和数学概念的本质属性,教具色彩鲜艳,大小适中,使儿童清楚看到相关信息。

（3）教师演示动作要稍慢并注意所站的位置,不要遮挡儿童的视线。

二、选择数学教育方法的要求

数学教育方法的选择具有一定的灵活性,它受教育目标、教育内容和教育对象的制约,一种方法由于目标、内容和对象的不同在运用中也应有区别。

1. 根据儿童的年龄选择教育方法

儿童年龄不同,其认知能力有很大的差异。例如,小班幼儿的思维特点以直觉行动思维为主,他们的思维离不开自己的动作和具体的情景。因此,小班要更多地运用游戏法,在游戏情景中让儿童操作。再如,大班幼儿的交往、合作能力较强,在教学中,可以多选用讨论法。

2. 几种教育方法相互配合

在一个数学集体教学活动中,往往要运用多种教育方法。通过多种教育方法使儿童重复感知和理解数学知识。例如,开始教幼儿学习数的组成,可以运用操作法让幼儿操作分实物,获得数是可以分的感性经验。然后,教师演示、讲解幼儿的操作结果。最后,还可以运用游戏的方法练习、巩固所学的知识。

3. 不同数学教育途径选择的方法有所侧重

在数学区角活动中,主要是通过操作法来开展活动。在日常生活中,要多运用寻找法使儿童获得相关数学经验,还可以多组织儿童玩数学游戏。

最后,需要注意的是,选用任何一种教育方法都应使儿童在积极的思维活动中建构数学概念,而不是教师的灌输。

思考与练习

1. 数学教育的途径有哪两种?
2. 数学区角活动的价值是什么?
3. 在幼儿园见习时,观察并记录幼儿园教师进行的渗透的数学教育实例。

4. 学前儿童数学教育常用的方法有哪些?

5. 什么是操作法? 结合一例数学操作活动谈谈运用操作法的要求。

6. 什么是游戏法? 数学游戏有哪些种类?

7. 什么是寻找法? 寻找法的几种形式是什么?

8. 什么是比较法? 比较的方式有哪两种?

9. 选择一例数学集体教学活动,分析其选用了哪些教育方法。

10. 在幼儿园见习时,观察环境中的数学教育渗透并记录(文字或照片)。

阅读材料　生活中的数学教育示例①

1. 晨间入园时的数学教育

(1) 感知并建立时间概念(如建立入园签到制,谁第一个来,谁第二个来);

(2) 通过点名学习计数和统计(大班的幼儿记录统计来的人数)。

(3) 随机展开分类计数(如统计来园的交通方式等)。

2. 进餐时的数学教育

(1) 碗、勺、人的对应;

(2) 请小组长清点小组的人数;

(3) 吃午点时对水果形状的观察、数量的感知。

3. 饮水时的数学教育

(1) 一一对应关系(杯架格子和杯子、标记的一一对应);

(2) 上下、左右方位概念的渗透(杯口朝上或斜挂着杯口向某个方向);

(3) 序数概念的学习(杯子在第几层第几格);

(4) 体验0的意义(当杯架上一个杯子也没有时,教师可让幼儿体验0的意义);

(5) 对量的感知和估算(如要求幼儿接半杯水,半杯在杯子的什么高度)。

4. 散步时的数学教育

(1) 约定散步时间,发展时间知觉;

(2) 排队当中的分类、计数、统计;

(3) 上下楼梯时左右空间方位的辨认,对楼梯台阶的计数。

5. 收拾物品时的数学教育

(1) 将物品分类摆放;

(2) 整理玩具、摆放椅子,学习利用空间。

---

① 张俊.给幼儿园教师的101条建议:数学教育[M].南京:南京师范大学出版社,2007.

第 四 章

学前儿童数学教育活动的设计与指导

学习目标

1. 掌握数学集体教学活动设计内容及要求。
2. 掌握数学区角活动常用材料种类及特点。

学前儿童数学教育活动设计是将数学教育目标和内容转化为教育行为和儿童发展的关键环节,本章主要介绍数学集体教学活动及数学区角活动的设计与指导。

第一节　数学集体教学活动设计与指导

一、数学集体教学活动的设计

数学集体教学活动设计指的是教师根据儿童学习数学的规律和特点,分析教学内容,选择教学方法,对教学活动程序进行整体构想和有序安排,形成活动方案。具体内容包括活动内容、活动目标、活动准备、活动过程、活动延伸几个部分的设计。

（一）活动内容

活动内容的设计,就是从数学教育的内容中,选定适合儿童和教师组织开展的具体教学内容。数学教学活动的内容一般来源于幼儿园所选用的教材,也有的内容是教师根据儿童的兴趣、需要生成的。选择内容时要选择适合开展集体学习活动的内容,如同样是认识时间,认识钟表就适合组织集体教学活动,感知时间的交替性就适合在日常生活中让儿童体验学习。另外,教师应结合本班儿童的实际年龄对教材内容加以调整,使其适合本班儿童的接受能力。活动内容确定后,要为教学活动命名,一般用以下两种方式命名。

（1）生活化语言命名。生活化语言命名的课题名称如:"给数找朋友""图形找家""我会分图形",这种命名是教师根据教学内容或活动的情景、材料而设计的。这种课题名称生动、有趣,符合学前教育的特点。

（2）数学术语命名。数学术语命名的课题名称如"5 的加法""6 的组成""比厚薄"，这种命名直接反映出所进行的教学内容，适合于某些数学教学内容的命名。

（二）活动目标

活动目标是指教学活动所要达到的具体教育效果。活动目标是教学活动的核心，因此，它是教学活动设计中最重要的一环。制定时要遵循以下要求。

（1）活动目标设计要全面。活动目标的内容应包含认知、情感与态度及操作技能 3 方面，即应涉及学习兴趣、态度和行为习惯的学习、认知能力的学习、操作技能的学习、知识概念的学习。

例如：数学教学活动"认识5"的活动目标。①正确点数 5 以内的数量并说出总数，认读数字 5；②能认真观察环境中的 5 以内数量并解决游戏中出现的问题；③在游戏中体验学习数的乐趣。

上述活动目标，包括数学知识的学习和认知能力的培养，还提出了情感态度目标。需要指出的是，活动目标要全面并非指要面面俱到，而是要全面考虑，针对活动内容提出主要的、有针对性的目标。

（2）活动目标设计要具体化、行为化，具有可操作性。例如"学习 10 以内倒数"的活动目标，如这样制定：①学习 10 以内倒数；②发展幼儿的思维能力。此活动目标制定得太空泛，在活动中教师不好把握，而且从中看不到儿童获得了什么发展。可以修改为：①学习 10 以内倒数，让幼儿知道顺数时是逐一增加，倒数时是逐一减少，体验自然数列的等差关系；②发展幼儿的逆向思维能力。修改后的活动目标就很明确、具体，便于教师操作。

（3）活动目标表述时行为主体要一致。教学活动目标表述方式有两种：一是教师作为行为主体，用教师所做的事来表述。一般运用以下词语表述，"引导幼儿……""使幼儿……""激发幼儿……"等词语；二是幼儿作为行为主体，用幼儿的行为变化来表述。如使用的是"会……""体验……""能……"等词语。在同一活动中，目标表述的方式应该是统一的。

（三）活动准备

数学教学活动的准备包括幼儿的经验准备和物质准备两部分。

1. 经验准备

经验准备指的是儿童对将要进行的数学学习活动，必须先期掌握哪些知识技能，具备哪些能力。例如，数学教学活动"图形分类"，儿童应具备的知识经验是认识了相关图形。在设计数学教学活动时，教师要认真分析考虑儿童的情况，准确把握儿童的现有水平，这是进行数学教学活动设计非常重要的一步。例如，要进行"生活中的数字"的教学活动，教师必须分析儿童现有的有关数字的经验。必要的话，还要在教学活动之前丰富儿童的经验，为顺利开展教学做好准备。

2. 物质准备

物质准备包括教学活动中教师所用教具和儿童所用学具及教学环境布置。教学环境布置指的是教师为开展教学选择、布置的环境。例如，教师要考虑在室内活动还是室外活动、桌椅怎样摆放等。儿童的数学学习离不开操作材料，因此，教具、学具的准备是物质准备中的重要内容。准备教具、学具的要求如下：

（1）围绕活动目标准备教具、学具。准备的教具、学具要为实现活动目标服务。教具、学具并非越多教学效果越好，要避免教具、学具准备的无效和低效情况。

（2）教具、学具要典型、简易、方便。典型指的是要有助于儿童对数学概念的学习和掌握，有助于儿童思维能力的发展。教具、学具要能引起儿童的注意和兴趣，避免过多的细节。另外，要善于利用玩具、废旧材料、自然资源作为教具、学具。例如，儿童建构用的雪花片，可以用来进行分类、排序、计数等活动。又如，教师用树叶作为儿童数数的材料。

（3）让儿童参与学具的准备过程。对于中、大班的儿童，教师可以吸引儿童参与准备学具的过程。让儿童参与学具的准备，一方面可以减轻教师的工作量，更重要的是在准备过程中能获得相关数学经验。如中班"认识椭圆形"的教学活动中，教师让幼儿搜集椭圆形的物品带到幼儿园来，幼儿在搜集物品的过程中，积累了关于椭圆形物品的感性经验。

（四）活动过程

数学集体教学活动过程指的是活动进程的顺序和步骤，它是活动设计的主体部分。大致分为3个基本环节：活动开始、活动进行、活动结束。

1. 活动开始

活动开始环节，教师的任务是集中儿童的注意力，运用适当的方式激发儿童参与活动的兴趣。数学教学活动常用的导入方式有以下几种。

（1）直观教具导入。教师利用实物、图片等直观教具，提出教学内容，激发儿童的兴趣。

（2）创设情境导入。教师创设一定的情境，来激发儿童的学习动机。创设的情境通常有问题情境、游戏情境和生活情境。

（3）联系儿童已有经验导入。教师联系儿童已有的数学知识经验或生活经验，提供新旧知识的支点，导入活动。例如，教大班幼儿学习"5的组成"时，可以通过复习"4的组成"来导入活动。还可以联系儿童在生活中分东西的经验，来导入活动。

活动导入的方式还有猜谜语、故事等其他形式。教师要根据具体教学内容、儿童的年龄设计导入方式。导入方式要有针对性、启发性、趣味性，切实起到激发儿童学习兴趣的作用。

2. 活动进行

活动进行是教学过程的主要环节。活动进行部分由设计合理的若干教学步骤组成。常用的有以下两种设计：

（1）操作-表达式。设计的一般步骤是：幼儿进行操作活动→表达交流操作的过程和结果→评价总结活动（对幼儿的操作和表达情况及教学内容进行总结）→巩固练习（数学游戏、操作练习）。

（2）演示讲解-练习式。设计的一般步骤是：教师演示讲解→幼儿练习运用（在操作、游戏中多次练习）→小结评价。

活动进行的设计具有一定的灵活性。有的数学内容需儿童先进行操作探索，在获得认识的基础上教师再总结。例如，学习"数的组成""等分"等教学内容，可以参考操作-表达式的设计步骤。有的数学内容需教师先演示讲解，儿童明了了相关知识后，再组织儿童操作练习。如"认识时钟""自编应用题"等内容，可以参考演示讲解-练习式的设计步骤。

在设计活动进行部分时，还要注意集体活动形式及小组活动形式相结合，结合的方式如下：

（1）集体-小组。先集体活动，再小组活动。如中班数学活动"认识6"，教师先组织儿童集体学习6的点数，然后把儿童分组，给每组投放的材料都是围绕6的数数而设计的，但是操作材料的种类和难度不相同。儿童自己选择小组进行活动。

（2）小组-集体。先小组活动，再集体活动。如大班数学活动"二等分"，儿童先进行小组活动，每组的材料不同，有分平面图形的，有分绳子的。儿童操作后，教师组织儿童交流自己的活动过程和结果。在此基础上，教师组织集体学习，使儿童明确二等分的含义。

3. 活动结束

集体教学活动是有时间限制的，教师要设计合适的方式结束活动。数学教学活动常用的结束方式有：

（1）总结归纳式。教师对本次活动的知识及幼儿的学习情况进行总结。例如：数学教学活动"学习6以内数字"，教师采取了总结归纳式的结束方式。引导儿童把数的外形编成了儿歌：1像小棍细条条，2像小鸭水上漂，3像耳朵来听话，4像小旗迎风飘，5像勾勾来钓鱼，6像豆芽笑哈哈。教师生动有趣地归纳总结了本节课所学的知识，取得了好的效果。

（2）延伸扩展式。教师提出问题或建议，让儿童在教学活动结束后继续探索，或在生活中注意观察。例如，数学教学活动"认识圆柱体"，教师采用了延伸扩展式的结束方式。教师说："小朋友，今天我们认识了圆柱体，你们回家后找一找家里有什么东西像圆柱体，明天来幼儿园和小朋友一起说一说"。

（五）活动延伸

活动延伸指的是这一个教学活动与下一个教学活动的联系，这一个教学活动在数学区角、日常生活中、其他领域教育活动中、家庭教育中的渗透。教师要根据教学内容设计合适的延伸活动,延伸活动要具有针对性和可行性。从而使儿童在一段时间内,从不同活动中获得的数学经验融为一体,构成一个整合的经验。

上述内容阐述了数学教学活动设计的内容和要求。需要指出的是,在幼儿园数学教学中,教师通过复习的方法,使儿童对学过的某一部分数学知识和技能得到加深和巩固,这种活动称为复习性的数学教学活动。复习性的数学教学活动一般通过游戏、操作的方式进行,使儿童在一系列的游戏、操作活动中巩固所学知识。

二、数学集体教学活动的指导[①]

(1)教师要注意观察儿童。教师要观察儿童参加活动的积极性和主动性、儿童的操作方法、儿童的发现及与同伴的交流情况,根据观察到的情况灵活地进行指导。

(2)教师要注意整理、提升儿童的数学经验。对于儿童在活动中获得的经验,教师要鼓励儿童表述,并帮助儿童归纳、整理,通过提问、组织讨论等方式使儿童获得的零散的、点滴的经验能及时得到整理,建构初步的数学概念。

(3)掌握师生问答策略。在活动中,教师与儿童交流的方式最常用的就是语言,师生问答有儿童行为的介入。问答时教师要注意以下几点:一是发问要具体明确,使儿童知道应该回答什么,一次最好提一个问题,这样儿童才能明确并思考教师的问题。二是问题提出后给儿童反应的时间,儿童年龄越小越要注意。三是儿童回答后教师要作出积极反应,如点头、微笑、启发、补充。如儿童未能正确回答,教师应调整问题的难度,提补充问题,以保护儿童的自尊心。

第二节　数学区角活动设计与指导

数学区角活动的设计,指的是教师根据数学教育的目标及儿童的年龄对活动环境进行设计,主要包括数学区角环境的布置及操作材料的设计。因此,它是以材料为中心的设计。

一、数学区角活动的设计

(一)数学环境布置

数学区角要有摆放材料的橱柜、进行操作活动的桌子,便于儿童展示操作结果的设备。数学区角要设置标志,如可以把区域的一面墙布置为数学主题墙,墙饰要突出数、量、形等数学信息。例如,在墙面上粘贴1~10的数字,粘贴用几何图形拼成的各种物体形象等。

(二)数学材料的设计

1. 数学活动常用材料的种类

(1)按材料分类。

① 盒类。盒类学具包括塑料盒、硬纸盒等,此类学具设计科学、便于儿童观察和摆放材料,如分类盒、组成盒、几何形体镶嵌盒等。

② 板类。版类学具是用木板、塑料板或硬纸板制成,如排序板、几何形体板、插嵌板、分类板、分合板、数列板等。此类学具一方面便于儿童摆放材料,另一方面还规范了儿童的操作动作。如小年龄的儿童按长短排序时,往往不知道一头对齐,如给儿童提供一排序板,就便于儿童掌握操作方式。

③ 物类。如各种小实物、数棒、长方体、正方体、计数器等。

④ 卡片类。如实物卡片、数字卡片、点子卡片、几何图形卡片、接龙卡片、试题卡片等。

---

① 崔淑萍,梅纳新.学前儿童科学教育[M].海口:南方出版社,2004:88.

⑤ 图表类。如各种图片、年历表、星期表、幼儿用书等,幼儿用书上有让儿童观察的图、作练习的作业单等。

⑥ 标记类。标记是一种符号,是表示特征的记号。儿童在数学学习中接触到的标记有分类标记、排序标记、大小标记等。标记卡片一般配合操作活动运用,要求儿童认识理解标记所表示的意思。

（2）按材料来源分类。

① 系列化数学学具及数学玩具。系列化的数学学具如蒙台梭利学具等。系列化学具的特点是设计合理,一物多用,一套学具能满足多项数学内容的操作。数学玩具是专门用于儿童学习数学的玩具,如钟表模型、数字镶嵌板、七巧板等。

② 自制学具。教师利用废旧材料、根据教育内容制作教具、学具。制作的教学具就地取材,实用有趣,针对性强。既满足了儿童数学活动的需要,又节约了开支。

（3）自然物、日常用品、玩具的开发利用。自然物如小石子、小棒、树叶、竹片、贝壳等,可以用于计数、分类。日常用品如纽扣、小镜子、小手帕、茶叶筒、时钟、日历、盒子等,是儿童学习数学很好的学具。小型玩具如小动物模型、小汽车模型、娃娃餐具等。特别是小型的插塑、积木、穿珠类玩具更具有多种用途,如不同颜色的雪花片,可用来开展分类、排序、计数等数学活动。

如果按教育内容来划分,又可分为数教育的学具、量教育的学具、几何形体教育学具等。

2. 数学区角材料的特点

数学区角材料是教师教育意图的物质载体,它本身的特性及由这些特性所规定的活动方式决定着儿童所获得的数学经验,影响着儿童的数学学习兴趣及思维、探索能力的发展。因此,用于数学区角的材料应符合以下几点要求:

（1）操作性。操作性即材料应能让儿童拼摆、移动、组合及变化多种玩法。例如操作材料"加减运算板",如图4-1所示,儿童可以移动点卡和数卡,组合成不同的算式。

图4-1

（2）趣味性。趣味性指材料的色彩、形状、大小、玩法能引起儿童的兴趣。例如操作材料"喂小动物吃饼干",幼儿按形状将卡片投到小动物的嘴里面,如图4-2所示。

图4-2

（3）多样性。多样性指的是围绕同一内容,活动材料种类要多。例如,围绕平面图形的操作,可以设计"连点画图""皮筋绕图形""图形拼摆形象""小棒摆图形"等材料,以满足不同儿童的兴趣需要。

（4）层次性。层次性指的是围绕同一内容的活动,可投放图片、实物和符号等 3 个层次的材料,以满足不同发展水平幼儿的需要,如图 4-3~4-5 所示。

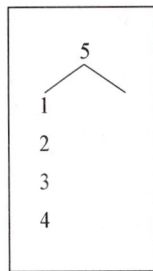

| 图 4-3 | 图 4-4 | 图 4-5 |

除上述要求之外,因数学区角的材料操作频率较高,所以,投放于数学区角的材料要结实并能为儿童重复使用。例如,教师将数学区角的各类操作卡片进行过塑,儿童在上面写画过之后用布一擦还能用。

二、数学区角活动的指导

1. 根据各年龄班数学教育的目标投放材料

教师要根据各年龄班数学教育的目标在数学区角投放材料,如小班数学区角材料举例表 4-1。在投放程序上,不要一次全部投放,可以结合近期数学学习内容分批投放。例如,中班幼儿学习了序数,可以在数学区角中多投放各种练习序数的材料。此外,要注意定期更换材料以维持儿童的操作兴趣。

表 4-1　小班数学区角材料举例

活动内容	材　　　　料
一一对应比多少	瓶子与吸管、盒与盒盖、笔和笔套、玩具娃娃和帽子、塑制的小动物与椅子等
几何形体	图形镶嵌盒、图形镶嵌板、大小、颜色不同的图形片,简单的图形拼版、积木
分类	分类盒、颜色,大小不同的各类插塑、木珠与丝线、不同种类、各种颜色的塑制小动物,不同颜色、大小的小碗、盒子等
排序	套筒、套碗、大小不同的 3~4 种型号的锅、盘子、碗、娃娃和小动物,不同型号的珠子、木钉和钉版等
数	5 以内的各种小实物、实物数量卡片、点子卡片等

2. 采用间接指导的方式,指导要适时、适度

数学区角活动重视儿童的学习体验,不强求达到某一知识技能目标。教师采用间接指导的方式。教师应给儿童充分的自主权,让儿童按自己的方式学习探索。在观察儿童操作的基础上,进行恰当的指导。

案例　明明(4 岁 1 个月)来到数学区拿起了套盒,他将套盒往桌子上一扣,里面的小盒子掉了出来,他干脆把盒子全掏出来放在桌子上。然后往大盒子里装,发现有的装不进去,他掏出来,换一个,来来回回尝试,最后总有 1 个装不进去,他很急躁。放下要走。这时,教师过来说:"明明,你把小盒子放在桌子上排排队吧"。明明看老师来了,又兴奋起来,老师拿一个大的,他也拿一个排在后面。教师说:"从小到大排一排吧。"因为在桌面上便于观察,明明终于排好了。教师说:"你真能

干。"明明很高兴,他按顺序把套盒恢复了原状,然后又倒出来玩开了①。

上述案例中,教师观察到明明要放弃活动时,适时介入,启发他把盒子放在桌子上比大小,然后又给明明自主探索的时间,当明明成功时,马上给予鼓励,体现了指导的适时、适度。

阅读材料 数学教学活动案例及评析

案例1

七星瓢虫(中班)

一、活动目标

(1)理解7的实际意义,能按数取7个物品点数并说出总数。

(2)能用"添上"或"去掉"的方法解决操作、游戏中的问题。

(3)在操作和游戏活动中,体验数学活动的乐趣。

二、活动准备

1. 经验准备

幼儿学习了6以内物体的点数,认识数字1~6。

2. 物质准备

(1)教具:用卡纸制作的"瓢虫"形象若干,2,4,6,7数字卡各一张,磁性黑板,呼啦圈3个。

(2)学具:画有"瓢虫"(没点)的图片人手一张,不同颜色、大小的圆片(背面贴有双面胶)每组一筐,水彩笔。

三、活动过程

1. 创设"瓢虫"开舞会的游戏情境,导入课题

教师:"瓢虫家族要开舞会了,小瓢虫们都来了,你们看,谁来了?"(出示瓢虫图片)

先请幼儿看二星瓢虫,提问:这是几星瓢虫? 你怎么知道的? 二星瓢虫身上的点用数字几表示?(依次出现四、六星瓢虫,步骤同上)

2. 引导幼儿感知7的实际意义

教师出示七星瓢虫卡片。引导幼儿点数瓢虫身上的7个点让幼儿说出总数,出示数字7让幼儿认读。

提问:7还可以表示什么?

3. 幼儿操作——粘个"七星瓢虫"

(1)请幼儿拿7个圆片,先摆一摆,再贴一贴。

提问:"七星瓢虫身上有几颗星?""应该拿几个圆片"。

(2)幼儿操作,教师巡回指导。观察幼儿是否拿了7个圆片,对拿的不是7个圆片的幼儿进行个别指导。

(3)表达交流操作结果并总结。请全体幼儿把粘好圆片的瓢虫图片贴在磁性黑板上。

提问"这是谁的?""数一数,瓢虫身上是七颗星吗?"

提问:"小朋友为瓢虫设计的七星衣排列的一样吗?(不一样),它们都是几个?"教师引导幼儿逐一点数。

请个别幼儿把身上圆点不是7个的瓢虫挑出来,请幼儿想一想怎么办?

4. 数学游戏"变成七星瓢虫"

玩法:全体幼儿拉一个大圆圈,边走边念儿歌:"我是庄稼小卫士,七星瓢虫7颗星,请你快快帮助我,穿上七星花花衣。"幼儿迅速一只脚跳进地上的呼啦圈内,7个幼儿成为七星瓢虫身上的7颗星。并请幼儿逐一点数检查。(游戏进行2~3遍)

---

① 崔淑萍,梅纳新.学前儿童科学教育[M].海口:南方出版社,2004.

四、活动延伸

在数学角投放7的数字、点子、实物卡片等操作材料,幼儿自由选择操作,巩固对7的认识。

评析: 这个数学教学活动。体现了幼儿数学教学活动情境性、游戏性、操作性的特点。活动目标制定的全面、具体明确。教学方法选用了演示讲解法、操作法、游戏法,操作、游戏活动要求明确,教学方法运用到位。教师在教学中以七星瓢虫为主线,将数学学习寓操作和游戏中,调动了幼儿学习的积极性。活动准备充分,材料满足了幼儿的操作需要。活动过程围绕目标设计,重点突出。教师发挥了引导者的角色。

(活动设计者:郑州工商银行幼儿园,邵静)

案例2　　　　　　　　　　**数学大本营(大班)**

一、活动目标

(1) 复习5以内的加减法,尝试看图口述并懂得运算。

(2) 通过破译电话号码活动,提高加减试题口算能力。

(3) 具有合作与竞争意识,体验数学活动带来的快乐。

二、活动准备

1. 经验准备

学习了5以内数的组成、5以内的加法、会看图编应用题。

2. 材料准备

幻灯片课件、提示录音、5以内加减算式题、图卡、五角星等。

三、活动过程

(1) 以"欢迎你们来到快乐数学大本营,我们的口号是:数学大本营,快乐大比拼!"的形式引入活动。介绍3个方队,请幼儿给自己的方队起一个名字。

(2) 通过数学大本营第一关"必答题",复习5以内数的加减。教师出示题卡如"3 + 2 = ?",3个方队的每一位选手都要回答一道题目,每答对一题,奖励一个五角星。答错不奖励也不惩罚。要求独立回答。得到五角星的选手,将五角星贴到自己队的英雄榜上。游戏后让小朋友数一数哪个队的五角星个数最多。

(3) 通过数学大本营第二关"我说你来算"。每队出两个选手看图编一道应用题,并在其他队选一队员来用算式进行运算。答对的即给对方一个五角星。依次进行。

(4) 通过数学大本营第三关"破译电话号码",复习5以内的加减法。引导幼儿迅速运算算式,破译好后把电话号码写在小动物的旁边,纸的后面有正确答案,请小朋友自己对一对破译的电话号码是否正确。给全对的一组奖两个五角星。

(5) 评比并颁奖。得五角星最多的一组为冠军,教师总结幼儿的学习情况,给冠军组颁发奖牌。

四、活动延伸

在角色游戏区开设超市主题,幼儿玩游戏时进行加减运算的练习。

评析: 该数学教学活动内容是对"5以内加减法"的复习,是复习性质的数学教学活动。教师依据大班幼儿喜欢竞争的特点,由易到难设计了3个游戏:"必答题""我说你算""破译电话号码",将一系列的游戏贯穿于教学的整个过程中。幼儿既在游戏中复习了5以内的加减法,又在闯关的过程中体验到成功的快乐。在游戏活动中,幼儿思维的敏捷性、灵活性得到发展,也有效培养了幼儿的合作、竞争意识。

(活动设计者:郑州市金水区纬四路幼儿园,王华)

思考与练习

1. 见、实习期间记录一节数学集体教学活动,掌握数学集体教学活动设计的内容及各部分的要求。
2. 见、实习期间观察幼儿园数学区角的环境创设情况并进行评价。
3. 数学活动常用材料的种类有哪些?
4. 数学区角材料应具有什么特点?

第 五 章

学前儿童集合概念的发展与教育

学习目标

1. 了解感知集合教育的内容及意义。
2. 掌握有关分类的概念。
3. 会设计分类、认识"1"和许多、比多少的教育活动。

第一节　学前儿童集合概念的发展

一、有关集合的基础知识

1. 集合的概念

把一组对象看成一个整体就形成一个集合。其中的每个对象叫做这个集合的元素。例如,小班的所有幼儿组成一个集合,其中每个幼儿是这个集合的元素。

关于集合的概念,应明确以下 3 点:

(1) 一个集合的元素必须是确定的,也就是说,给定一个集合,就可以断定任何一个元素是不是这个集合的元素。

(2) 一个集合的元素必须是互异的,相同的对象归入一个集合时,只能算作这个集合的一个元素。

(3) 一个集合中的元素的顺序无论怎样变动,仍表示同一个集合。

2. 集合的表示法

集合有下列表示法:

(1) 列举法。把一个集合的所有元素一一列举出来,放在{ }里。例如,以 10 以内奇数为元素的集合 A 表示为:$A = \{1, 3, 5, 7, 9\}$。

(2) 描述法。把集合中的元素所满足的条件用文字或者符号描述出来,写在{ }里,例如,由 3 的相邻数 2 和 4 组成的集合表示为{3 的相邻数}。

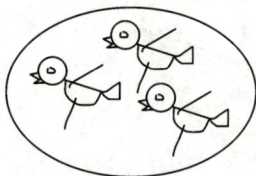

图 5-1

（3）文氏图表示法（又叫韦恩图法）。用一条封闭的曲线把集合中的所有元素圈起来表示集合的方法。如 3 只小鸟的集合，如图 5-1 所示，它能直观、形象地表示出集合中的各元素属于一个整体，也能明确地表示出集合的界限和集合元素的多少，帮助幼儿感知、理解集合。幼儿园数学教育主要采用这种表示法，广泛应用于直观教具和学具中。

3. 子集

两个集合 A，B，如果集合 A 的任何一个元素都是集合 B 的元素，A 就叫做 B 的子集。例如，

$A = \{$小一班的全体男孩$\}$，$B = \{$小一班的全体幼儿$\}$，

A 就是 B 的子集。

如图 5-2 为可用文氏图表示，集与子集存在着包含关系。

图 5-2

二、学前儿童感知集合的意义[1]

集合是现代数学一个最基本的概念,学前期儿童感知集合的教育指的是在不教给儿童集合术语的前提下,让儿童感知集合及元素,会用对应的方法比较集合中元素的数量,并将有关集合、子集及其关系的一些思想渗透在整个数学教育的内容及方法中。

1. 儿童数概念的发展起始于对集合笼统的感知

儿童数概念是怎样发生的问题,国内外的一些研究证明,儿童数概念的发生开始于对集合的笼统感知。对集合的笼统感知指的是对一组物体不能精确地说出它的数量(有几个),只能辨别它们是多是少。例如,2 岁半左右的儿童虽然还不会数数,但是对不同数量的糖果能产生不同的选择反应,儿童倾向于要数量多的糖果。儿童在认数和计数之前,就具有对数量的笼统模糊的观念。

2. 集合概念的发展是儿童数概念形成的必要的感性基础

儿童对集合笼统感知阶段,他们对数量明显不同的两组物体,能够辨别哪个多,哪个少,但并不知道物体数量是多少。儿童还不能感知到集合中的每一个元素,也不会用一一对应的方法逐一计数物体的数量。儿童计数和获得最初数概念的基础是能准确感知集合中的每一个元素,会用对应的方法比较集合中的元素。

3. 儿童对集合包含关系的感知,为儿童数概念形成和建立作了准备

包含关系在逻辑和数学上都是很重要的,集合具有包含关系。集合与集合中的元素就是包含与被包含关系。儿童数概念的建立有赖于对包含关系的理解。例如,3 岁左右儿童最初计数一组物体的数量时,往往说不出总数,原因是还不能把一组物体作为一个整体看待,不知道数的最后一个数就包括了前面数的所有的数,这实际上就是儿童没有包含观念的体现。

数的组成及加减运算,是集与子集关系的体现。让儿童感知集合和子集以及它们的包含关系,也是儿童学习数的组成和加减的基础。感知集合符合儿童认识数的规律,在小班学数前安排感知集合的教育内容,感知集合还应渗透在儿童数学教育的全过程中。

总之,强调儿童感知集合的教育,强调在儿童的数学教育中渗透集合的思想,目的是为儿童学习数学奠定良好的心理基础,为他们理解和掌握数学概念打下坚实的基础。

三、学前儿童感知集合的发展和年龄特点

学前儿童集合概念的发展,具有明显的年龄特征。儿童集合概念的发展大致经历了以下几个阶段[2]。

---

① 崔淑萍,梅纳新. 学前儿童科学教育[M]. 海口:南方出版社,2004:171～172.
② 同上。

1. 对集合的笼统知觉阶段(2~3岁)

儿童集合概念在发展的最初阶段是很泛化的,是一种笼统的知觉,他们不能看到集合明显的界限,也不能一个接一个感知集合里的元素。这一时期幼儿还不能精确说出一组物体数量,只能大致感觉它们的多、少。例如,给幼儿一把糖果,趁他们不注意的时候拿走几块儿,儿童往往察觉不到数量的变化。

2. 感知集合的界限,对集合中元素的感知也逐渐精确(3~4岁)

3岁儿童已经能在集合的界限以内来感知集合了,但还注意不到集合中的每一个元素。例如,让儿童给5个娃娃喂水,儿童往往只喂第一个和最后一个,而不注意排在中间的娃娃。这说明儿童的注意力在集合的界限上,从而削弱了对所有组成元素的注意。随着年龄的增长,儿童能注意到集合中的每个元素。有人做过实验,让儿童(3岁半~4岁)完成一个杯子配一个杯盖的任务,3岁半儿童50%完成任务,4岁儿童完成任务的达到84%,3岁半到4岁是儿童对应能力迅速发展的阶段,这时儿童还可以不用数数,用对应的方法确定两组物体数量相等或不相等。

此阶段儿童具有初步的分类能力。实验证明,在教育的条件下,小班儿童已具有把物体按大小、颜色、形状、长短等分类能力。但是,此阶段的儿童对集合的集与子集的包含关系理解困难。例如,呈现5个圆片(4个红色,1个蓝色),问儿童圆片多还是红圆片多,儿童回答是红圆片多。因为儿童看到的是具体的红色圆片,圆片是包括了红、蓝圆片在内的高一级的类概念,这种类概念的获得,需要儿童具有一定的抽象概括能力,不能凭直觉判断。所以在缺乏包含概念的儿童眼里,自然就是红圆片多了。

3. 准确感知集合及其元素,能通过计数比较两个集合元素的多少(4~5岁)

此阶段儿童在感知两个集合的数量时,能通过计数准确比较哪个数量多,哪个数量少。能逐渐地不受物体大小和排列形式的影响,正确判断集合中元素数量的多少。在直观的条件下,能初步理解集与子集的包含关系,能感受物体的整体和部分。

4. 对集合的理解进一步提高和扩展(5~6岁)

此年龄段的儿童能按两种特征把集分成子集。例如,从一组不同颜色、不同大小和不同形状的几何图片中,把红色的大图形拿出来,或者把大的圆形拿出来。儿童能较好地理解集和子集的包含关系,表现在儿童懂得数的组成和加减运算中数群和子群的关系。

第二节 学前儿童感知集合的教育

一、学前儿童感知集合的教育内容和要求

1. 小班
(1) 根据范例和口头指示从一堆物体中分出一组物体。
(2) 按物体的某一特征(颜色、大小、形状等)进行分类。
(3) 体验"1"和"许多"及其关系。
(4) 能用一一对应的方法来比较两个集合元素的多、少、一样多。

2. 中班
(1) 能从一堆物体中把不属于这一集合的元素找出来。
(2) 能按物体两个特征分类。

3. 大班
(1) 对集合进行层级分类、体验集与子集的包含关系。
(2) 能将物体集合进行多重分类。

二、学前儿童感知集合的教育

（一）分类活动

1. 什么是分类

分类指的是把物体分成各具共同属性的几组。分后的每一组物体用数学的概念来说就是一个集合。

2. 分类活动的意义

（1）分类促使儿童感知集合并体验集合的包含关系。分类的过程即儿童感知集合的过程。在分类活动中，儿童将一个个物体加以区分和归并，促进了儿童对集合中元素的感知。当儿童把具有共同特征的物体归并在一起时，就对这一具体物体的集合有所感知。同时感知了集合的包含关系。

（2）分类是计数的必要前提，是儿童形成数概念的基础。例如，让儿童在一堆积木中拿出 4 块红积木，儿童在会计数的前提下，要先把红积木看成一类，然后数出 4 块。

（3）分类能促进儿童思维能力的发展。分类活动需要儿童先辨认（观察、比较），找出物体的相同点和不同点，这个过程是分析的过程。然后把具有相同特点的物体归并在一起，这个过程是综合的过程。分析与综合是思维的基本过程，所以分类过程也是儿童思维积极活动的过程。分类作为感知集合的重要内容穿插在各个年龄班的数学教育中。

3. 数学教育中常见的分类形式

（1）以常用分类标准划分的分类形式。

① 按物体名称分类。即把相同名称的物体放在一起，例如，把娃娃放在一起，把书放在一起等。

② 按物体外部特征分类。如按物体的颜色、形状分类。

③ 按物体量的差异分类。即按物体的大小、长短、粗细、高矮、宽窄、厚薄、轻重等量的差异分类。

④ 按物体数量分类。如将物体数量都是 5 个的、物体数量都是 4 个的放在一起。

⑤ 按物体的用途分类。如将吃的东西放在一起、将穿的东西放在一起、将用的东西放在一起。

（2）从思维角度划分的分类形式。

① 按一维特征分类。即按事物的一种特征分类。

② 按二维特征（或以上）分类。即同时依据事物的两种特征进行分类。例如，在一组图形卡片中，将红色的大图形放在一起。二维特征这种分类形式要求幼儿在头脑中能同时考虑事物的两个（或以上）特征。

③ 层级分类。在蕴涵多种不同特征的物体中，按照逻辑的思考确定不同的特征，有序、分层进行逐级分类。

④ 多重分类（也可称多角度分类）。指对一组物体可以确定多种标准进行分类，一个物体可以划分到不同的类别中去。多重分类要求儿童能从不同角度观察、思考同一个（或同一组）物体的特征，同时转换分类标准，对儿童思维的灵活性要求较高。这种形式在大班进行。

4. 物体分类活动的组织与指导

（1）根据分类活动内容提供合适的操作材料。操作法是学习分类的最主要的方法，分类操作材料是教育内容的载体。材料的提供非常重要。用于分类的材料有小的实物、卡片等。除了这些材料外，还有一些常用的分类学具，根据幼儿的思维特点，分类学具应能直观体现出集合及包含关系。

① 分类盒及标记卡。如图 5-3 所示，分类盒便于幼儿摆放材料。如在上面插上形状标记卡，即要求幼儿按形状分类。标记一方面起到明确分类标准的作用，也是对一类物体的概括。

② 分类底板。图 5-4 所示是一个按大小分类的底板，左侧有表示大小的标志。幼儿按大小把圆片分成两类。

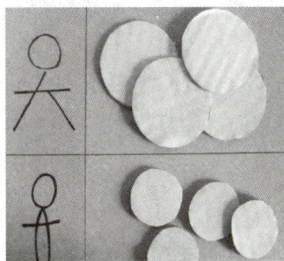
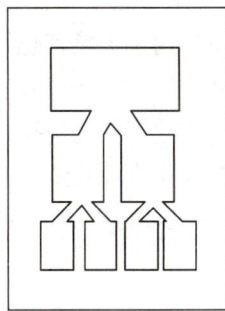

图 5-3　　　　　　　　图 5-4　　　　　　　　图 5-5

③ 层级分类底版。层级分类底板直观地揭示了类包含关系。如图 5-5 所示,操作时幼儿将材料放在上面一个大方框内,按照要求的分类标准分成两类,然后再把每一类按要求的标准再分成两类。因为分了两次,也可称为二次分类。

④ 二维特征分类操作卡。如图 5-6 所示,是让幼儿按两个特征将图形分类。如大的正方形、小的正方形、大的圆形、小的圆形。

⑤ 按 3 个特征分类操作版。让幼儿把每排画对号项的属性综合在一起,把同时具有这 3 项属性的图形挑出来放在最后一格中,如图 5-7 所示。

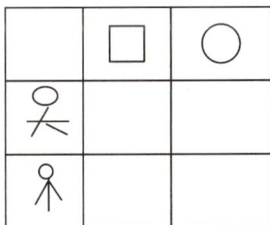

红	蓝	🏃	🏃	○	□
✓				✓	✓
	✓	✓			✓
✓				✓	✓

图 5-6　　　　　　　　　　　　　图 5-7

（2）对幼儿的分类操作活动进行指导。分类前,引导儿童充分观察材料,明确分类标准。年龄小的儿童可由教师提出分类标准,如教师说:"请小朋友把大圆片放在一起,把小圆片放在一起"。对于中、大班的儿童,可以让儿童自己确定分类标准。如教师说:"小朋友看看这些图形有什么不同,可以按什么标准分?"

分类操作时,教师观察幼儿的操作情况,加强个别指导。分类操作后,组织幼儿交流、讨论分类结果。教师要提出"你把什么放在了一起？ 你是怎样分的？ 为什么要把它们放在一起？ 三角形多,还是图形多？"诸如此类的问题,促使儿童用语言表述分类结果。另外,让幼儿说一说分成了几类,每一类有几个。幼儿用语言对自己所分出的结果进行表述是体现其思维抽象和内化水平的一个重要标志,对促进幼儿抽象逻辑思维的发展具有重要的意义。在幼儿表达交流的基础上,教师要对幼儿的分类结果进行归纳和总结,帮助幼儿总结出分类的不同标准、分类的标记指示等①。

（二）区分"1"和"许多"的活动

1. 区分"1"和"许多"活动的意义

"1"是自然数的基本单位,也是表示集合中元素数量的基本单位。"许多"是一个笼统的、不确定的数量,它代表两个以上元素的集合。区分"1"和"许多"活动的目的是让儿童感知集合及其元素。儿童把许多物体分成一个一个,再把一个一个的物体放在一起构成许多,在这一过程中儿童感知体验到集合中的每一个元素,理解"许多"的含义,为以后学习计数和认识 10 以内数奠定了基础。

2. 区分"1"和"许多"活动的组织与指导

（1）让儿童获得"1"和"许多"的多种体验。让儿童观看实物和图片辨别一个物体和许多个物体。

① 黄瑾.幼儿园数学教育与活动设计[M].北京:高等教育出版社,2010:175.

例如,教师出示一张画有一只母鸡和许多小鸡的图片,让幼儿说出图片上有一只母鸡和许多只小鸡。

让儿童运用多种感官感知"1"和"许多",加深儿童对集合中每一个元素的知觉。例如,教师敲击小鼓,让听一听是响了一下还是许多下。

让儿童在周围环境中找找什么东西是一个,什么东西是许多个。

（2）在操作中让儿童体验"1""许多"的关系。"1"和"许多"的关系是小班幼儿最初接触到的数量关系,应让幼儿在操作中体验学习。

案例 **体验 1 和许多的关系**[①]

在一次吃午点的时候,教师有意识创设问题情境,引导幼儿在操作中体验"1"和"许多"的关系。活动过程:

1. 教师将一盆香蕉放在桌子上

问:小朋友,盆里有多少香蕉?（"许多,好多……"）

2. 引导幼儿发现和体验许多可以分成一个一个

教师:你们一人拿一个香蕉,看看这许多香蕉能不能变少。

幼儿一人取走一个香蕉。教师举起空盆问:"里面的香蕉哪里去了?"（没有了、拿走了）

教师:你们每人拿了几个香蕉呀?

幼儿:一个。

教师听到幼儿的回答,马上重复说:"刚才,盆子里有许多香蕉,现在被小朋友一个一个拿走了,盆子里就没有了。"

3. 引导幼儿体验一个一个合起来是许多

幼儿吃完香蕉后,教师请幼儿把香蕉皮放回盆里。

教师:你们把香蕉皮放回盆里,你们放了几个?（一个）

教师引导幼儿看放满香蕉皮的盆,帮助幼儿提升经验:"一个一个香蕉皮放回来,盆里的香蕉皮有多少?"（许多）

教师:"盆里原来没有香蕉皮,小朋友一个一个放进去后,合起来有许多香蕉皮。一个一个合起来是许多。"

（三）比较两组物体多、少、一样多的活动

1. 比较两组物体多、少、一样多活动的意义

这项教育内容要求儿童用一个对应一个的方法来比较两组物体数量是一样多、或多或少。小班幼儿最初对集合元素的感知模糊、笼统。通过这项教育内容的学习,可以帮助儿童准确感知集合中的每一个元素,同时,使儿童学会用对应比较的方法判断两组物体的数量,有助于儿童建构一一对应的逻辑观念,为以后学习计数做好准备。

2. 比较两组物体多、少、一样多活动的组织与指导

给儿童提供两组物体,引导儿童用重叠对应比较,如图 5-8 所示,和并放对应的方法,如图 5-9 所示,比较两组物体的数量。可以先学习重叠对应比较的方式,然后学习并放对应比较的方式。提供的两组物体数量一般是 4～6 个。先让儿童体会一样多的数量关系,然后体会不一样多的数量关系,一般是多 1 或少 1。

鼓励儿童用语言表述多、少、一样多的数量关系。启发儿童思考要使数量不一样的物体一样多,除了用"增加"的办法外,还可以用"去掉"的办法。

---

① 葛凤林,陈立.数学教育走进幼儿生活的探索与研究[M].北京:北京师范大学出版社,2009:28.有改编.

图 5-8

图 5-9

阅读材料　教育活动案例

案例 1 　　　　　　　　　　　　图形分类(小班)

一、活动目标

(1) 能把三角形、圆形、正方形分别放在一起,感知不同图形的集合。

(2) 尝试用"它们都一样"和"都是圆形(正方形、三角形)"表述分类结果。

(3) 在游戏中体验数学活动的快乐。

二、活动准备

(1) 每人一小筐图形、一张画有圆形、三角形、正方形的纸板。

(2) 贴有动物头饰的纸箱 6 个,圆形、三角形、正方形插塑片若干(大小、颜色不同)。

三、活动过程

1. 以游戏的情节引起幼儿的学习兴趣

教师说:"小朋友,今天班上来了很多图形宝宝,我们和图形宝宝一起做游戏"。

2. 操作活动——"图形宝宝找家"

(1) 引导幼儿观察材料,提出操作要求。

教师说:请小朋友把圆形宝宝送到圆形家,把正方形宝宝送到正方形家……

(2) 幼儿按形状分类,把自己小筐里的图形放到相应的图形中。

教师鼓励幼儿讲述,如:"它们都一样,都是圆形。"让幼儿数每一种图形家里有几个图形。

3. 游戏活动——"喂动物吃饼干"

(1) 引导幼儿观察动物嘴的形状,明确分类标准。

(2) 幼儿把不同形状的饼干"喂"到小动物口中,要求幼儿讲述把什么形状的饼干喂给了什么动物。

(3) 教师带领幼儿共同检查结果,给予纠正。

4. 活动结束

教师说:"小朋友今天很能干,给图形宝宝找到了家。图形宝宝很喜欢你们,它们还想和你们玩,一会儿我们到操场上和它们作游戏。"

四、活动延伸

到户外玩"图形找家"的游戏。玩法:在户外场地上画 3 个图形(圆形、三角形、正方形),幼儿佩戴不同形状的头饰根据教师的要求分别站在不同的图形中。

(活动设计者:郑州市金水区教研室,郭敏)

案例 2　　　　　　　　　　　　**各种各样的帽子(大班)**①

一、活动目标

(1) 从不同角度观察帽子的特征,学习多重分类。

(2) 学习将活动过程用简便的方式记录下来,并和同伴进行交流。

(3) 通过活动,对身边常见事物产生探究的兴趣。

二、活动准备

不同款式、颜色、质地、用途的帽子若干顶;4 张桌子、盖布、黑板、笔、纸若干。

三、活动过程

1. 学习分类记录的方法

(1) 以游戏的方式激发幼儿的活动兴趣。请 4 名具有不同特征的幼儿上台,让幼儿说说他们之间的不同之处。提问:"这里有几位小朋友?""他们什么地方不一样?"

(2) 教师引导幼儿记录分类结果。

教师:"要把这 4 个小朋友的事记下来,可以怎么记呢?"(引导幼儿用数字 4 表示人数,用娃娃头表示小朋友)"谁能把相同之处的小朋友排在一起?""他们是怎样排的,他们哪里一样?"(两个男孩,两个女孩)"这又该怎样记呢?"(教师引导幼儿用数字和简单的标记来记录)"除了这种分的方法,还有没有其他的方法?"(教师在幼儿分类的基础上再次引导他们用简单的标记来记录)

2. 学习从不同的角度对帽子进行分类

(1) 引导幼儿观察帽子的不同之处。

(2) 启发幼儿说出帽子的各种用途。

(3) 提出分类要求。

教师:"原来帽子的用处这样大,大家都需要它。今天这里有许多帽子,我们来开一个帽子商店。想一想先要做什么准备工作?"(引导幼儿从整理帽子开始)"不能把帽子放得乱七八糟的,你们说一说可以怎样摆放呢?"(引导幼儿说出将帽子按同一特征摆放)

3. 小组活动

(1) 提出记录的方法。

教师说:"今天,我们请 4 个小朋友来整理一个柜台。首先,请小朋友数数柜台上有几顶帽子,用数字和标记把它们记录下来;然后,看看它们有什么不同,把有相同特征的帽子摆放在一起并数数每种有几顶;最后,大家一起商量该怎样记录。如果你们有别的分法,就再分一次,分好后再数数每种有几顶,想一想该怎样记录。记住每分一次,就记录一次。"

(2) 幼儿操作。教师引导幼儿分类时要按同一标准全部分完后,才能按别的标准再次进行分类。

(3) 引导幼儿多角度地思考分类的标准。

(4) 观察幼儿的不同记录方法。

讲评:展示 4 组幼儿的记录单,引导幼儿对他们的记录方法进行观察、比较。"这些记录单上记的都是小朋友分帽子的事情。大家看一看,有没有看不懂的地方?"(幼儿之间相互提问、相互回答)"每组分帽子的方法和记录的方法有什么不同?""你喜欢哪一组的记录单,为什么?"

总结:"今天小朋友想出了各种摆帽子的方法,有的按大小摆,有的按款式摆,有的按颜色摆,有的还会把这些事情用数字和标记记下来,而且每组记录的方法都不一样,你们真了不起。"

四、活动延伸

活动结束后,教师将一组帽子和记录单放在活动区,让幼儿继续找特征分类。

　　　　　　　　　　　　　　　　　　　　　　　　　(活动设计者:南京市东南大学幼儿园,吴岚)

---

① 张慧和,张俊.幼儿园数学教育[M].北京:人民教育出版社,2004 年,第 154 页.

思考与练习

1. 学前儿童感知集合的意义是什么？
2. 数学活动中常见的分类形式有哪些？
3. 什么是按二维特征（或以上）分类？
4. 什么是层级分类？
5. 什么是多重分类？
6. 如何组织与指导分类活动？
7. 区别"1"和"许多"活动的意义是什么？举例说明如何让幼儿理解"1"和"许多"的关系。
8. 比较两组物体多、少、一样多的比较方式有哪两种？

第 六 章

学前儿童数概念的发展与教育

学习目标

1. 掌握有关数的概念。
2. 了解儿童数概念的发展特点。
3. 掌握儿童数概念教育内容及要求。
3. 会设计和组织儿童数概念教育活动。

数概念是学前儿童数学教育内容中的一个很重要的部分。研究认为,数概念是儿童数学能力发展中的一个"中心概念结构",它的发展不仅与儿童今后数学学习有着直接的关系,而且与儿童思维能力发展有着密切的关系。儿童掌握数概念是一个比较复杂的过程,不仅要会数数,还要掌握数的实际意义及理解数的守恒,知道数的顺序和大小,理解数的组成及认读、书写数字等。其发展具有一定的阶段性和顺序性。本章将分节阐述儿童数概念的发展及教育。

第一节 学前儿童数数技能的发展与教育

一、关于数数的基础知识

数数(也可称为计数)是确定一个集合中元素个数的方法,是把要数的那个集合里的元素与自然数列里从 1 开始的自然数建立起一一对应关系,从而确定集合元素个数的过程。只要不遗漏,也不重复,数到最后一个元素所对应的那个数就是数数的结果。

二、学前儿童数数技能的发展特点

数数并非是数概念。但是儿童初步数概念的发展离不开数数,儿童数数技能水平的高低也代表了儿童数概念的发展水平。学前数学教育必须重视数数的教育。要有效培养儿童的数数技能,就必须了解学前儿童数数技能的发展。

数数是儿童早期数概念发展中最重要的技能之一。儿童早期这一技能的发展和完善要经历相当长的时间。大多数儿童的数数技能的最终完善要到小学一年级才能完成。因为数数是一个比较复杂的认知活动,它涉及了视觉的、动觉的、记忆和语言几方面的活动以及对这些活动的组织和协调。此外,数数是个涉及许多潜在技能的复杂过程,而这些潜在技能需要幼儿花费大量时间才能掌握。学前儿童必须通过相当的学习和练习才能逐步地掌握这一技能。

数数技能的发展涉及不同的子技能的发展和协调。数数即数词和要数的单位实体之间的一一对应。数数技能包括3个组成部分:①用正确的顺序有声或无声地说出数词;②能确认可用于计数的若干单位实体;③能把数词和计数的单位实体一一对应。下面分别阐述这3部分技能的发展。

（一）数词的学习和完善

数词系统是儿童早期学习数知识的一个最重要的工具。数词的熟练掌握过程一般要持续几年的时间。这一系统的学习和完善过程离不开数数的实践活动。(美)富森等人提出,儿童的数词学习和发展要经历两个阶段。

1. 第一个阶段——初步获得数词阶段

儿童在这一阶段通过模仿学会讲数词。许多儿童在会数物体以前就学会唱数一些数词。有的儿童则是在数物体的情景中一边数物体一边学讲数词。但在大多数情况下,儿童有可能是一种语言意义上的学习,即从成人那里鹦鹉学舌地模仿了数词的发音,而并不理解其含义。这恰恰是儿童在数词学习中必不可少的阶段,儿童学会如何准确地说出数词是他们理解这一系统的第一步,同时他们还要学习用一种正确的顺序来说出这些数词。从此以后,只有在不断重复的具体数数情景中,儿童学会把不同的数词用于具体的物体。这样他们才对数词的含义开始有最初的理解。然后,这种从对数词的最初理解到对数词的全面理解的发展需要较长的时间。

2. 第二个阶段——数词的完善阶段

在第一阶段时,学前儿童学习按正确的顺序准确地说出数词,而到第二阶段时,儿童要经历一系列从不完善到完善的数词掌握的发展过程。儿童学会了初步的数词以后,要在一个相当长的时间内不断完善各种各样的数词技能。富森等人确定了数词学习的第二阶段中的5个层次的水平,根据儿童的数数行为就可以知道他们是处在哪一个水平上。

（1）第一层次是"连串"水平。在这一层次上,数词的记忆是一种对一连串数词的单向整体记忆和背诵。儿童无法把单个数词从他们所会的数词链中分化出来。即每次要说出数词时,儿童都必须从开头的1数起,一直一口气把所有他会数的数词全部说完。在这一层次上,儿童无法把数词和要数的东西一一对应起来。

（2）第二层次是"不可断数链"水平。在这一水平上,儿童已能分化出单个的数词。但每次数的时候,儿童还是要从最初的1开始数上去,他们无法从任意数数起。譬如问儿童5后面是几,他们无法马上说出6。他们需要从1开始数到5,才能说出是6。但在这一阶段,数物体已成为可能。也就是说,儿童已能在说出数词的同时把数词与物体一一对应起来。学前儿童的这一水平会持续较长时间。

（3）第三层次是"可断数链"水平。在这一水平上,儿童把数词看作是既可分割,但又是连在一起的元素的结合链。数词开始分化成单独的词,儿童逐步地理解每一个数词的含义及这些单独数词之间的关系。儿童可从任何一个数向前或向后数,也可从一个数向前或向后数到另一个数。这一阶段,在提供任何一个属于儿童数数范围内的数的情况下,儿童可以随即说出这个数的两个相邻数。

（4）第四层次是"数链"水平。现在每一个数词本身都可以当作一个独特的可数的单位。数词本身可以用来计数或和一个有着特定数量的集合(如5个手指)相匹配。儿童可以回答这样的问题:"从5数到10有几个数词?"儿童在这一发展水平上可以用数词来进行加减法的运算。

（5）第五层次是"双向数链"水平。儿童可以高度熟练地从任意数顺数或倒数。他们能很快、很灵活地改变向前或向后的方向。这种熟练可以使儿童在做加减运算时选择最快的向前或向后的数数方向,也可以帮助儿童理解加和减之间的相反关系。

学前儿童在数数时说出数词的能力随年龄的增长不断地内化。年龄小的儿童数数时喜欢大声地数,然后发展到较小声地数,再后来只是嘴唇动一下,别人听不清数的什么,最后发展到默数。儿童说出数词的能力在内化以后碰到较难的数数任务时又会外化,即儿童在会默数以后有时还是会数出声音来。

（二）可数的单位实体

仅仅能说出数词还不能算做数数。儿童为了完成数数的行为必须首先建构可数的单位实体,即数数必须有可供数的事物。这种事物可以是看得见的客观物体或视觉刺激(如图像)以及听觉刺激,也可以是想象中的物体。在数数过程中儿童借助于计数实体的媒介作用发展了对数的最初的理解,随着儿童对数的理解的发展,他们所需要依赖的实体的抽象程度不断地提高,到最后,儿童不用依赖于任何媒介就能完全理解一个数的含义。

格拉泽斯菲尔德及其同行提出了5种具有不同抽象水平的可数实体。它们包括:

（1）感知性单位实体。包括视觉、触觉和听觉信号。最初儿童只是学会数感觉到的实物,然后能数通过视觉或听觉得到的信号。

（2）形象性单位实体。不能实际应用,但是可以通过回忆或想象进行计数的物体。

（3）动作单位实体。儿童可以数来自他们自己身体动作的信号,如拍几次手或跳几下。

（4）言语性单位实体。儿童开始把说出的数词本身作为数数的实体,即可以数读数字的声音,如读8,9,10时所发出的声音,根据声音知道数了3个数字。

（5）抽象性单位实体。最终,儿童终于能使用抽象的单位实体。也就是说,儿童不仅能理解每一个数词可以是一个可数的实体(如3是一个3,8是一个8),他们还知道每一个数词实际上是由单一实体组成的集合(如3是3个1的集合,8是8个1的集合)。儿童能理解一个数词也就是代表了到这个数词为止包含的计数次数。如8,就是指"1,2,3,4,5,6,7,8"的整个计数过程。到这一水平,儿童已充分理解了计数的原理(依次对每一物体计数,最后一个物体的计数就是代表整个集合的数量),他们的数数活动变成了运算(加法顺数,减法倒数)。

从具体可数的实体数数逐步发展到运用更抽象的单位实体数数,计数活动的难度随着增加,这种难度逐级递增的计数方法促使孩子们的计数水平从看、摸、数实际物体提高到可以理解产生抽象数字的计数过程(如8,就是指"1,2,3,4,5,6,7,8"的整个计数过程)。

（三）数数的一一对应

数数技能的第三组成部分是在数词和所数的事物之间建立一一对应的关系。对学前儿童而言,这种一一对应的关系又是由两个部分组成:数词和指示动作之间在时间上的一一对应;指示动作和物体之间在空间上的一一对应。也就是说,指示动作作为一种媒介把数词和可数实体从时间上和空间上联系起来。由于学前儿童手、眼、口、脑协调能力差,在数数中经常会出现以下几种一一对应方面的错误:一种是数词和指示动作不同步,一种是指示动作和物体之间没能一一对应,还有一种是前面两种一一对应错误的组合。研究发现,绝大多数学前儿童在数物体时都伴随着自发地用手来做出指向物体的动作。这种手的动作随着儿童年龄的增长发生变化和逐步地内化。年龄小的儿童往往喜欢用手去碰触所数的物体,然后发展成在靠近物体处指点一下,再后来可以是远远地指一下,以至最后通过用眼睛对物体的逐一注视就行了。儿童在数数中完成一一对应的能力很大程度上要受到物体空间排列方式和集合大小的影响。对学前儿童而言,集合越大越容易出现数数错误,物体在非直线空间排列情况下的数数要比直线排列情况下数数更难,所以错误也相对会多一些。研究表明,儿童数数中的一一对应能力在3岁至4岁半之间发展很快。

（四）正确数数的5个原则

格尔曼和加利斯特尔提出了正确数数的5个原则。学前儿童要成功地完成数数任务,就必须掌握这5个原则:

（1）一一对应原则。指儿童必须理解在数的集合中的每一个物体只能对应于一个数词。也就是说,一个数词只能用一次,一个物体也只能数一次。

（2）固定顺序原则。即用于给每个物体加标签的数词的顺序应始终如一。这是由数词系统本身特定的顺序和规律来决定的。

（3）基数原则。指儿童理解用于数某个集合最后一个物体的数词同时代表了这个集合的总数。掌握这一原则有两种评价方法：一种是要求儿童说出一个集合的物体数量是多少（说出总数）。另一种是要求儿童从许多物体中拿出一个特定数量的物体（按数量取物）。

（4）抽象性原则。是指前面所说的如何数的3个原则可用于任何一种集合，即任何由可数实体组成的集合都可以计数。

（5）顺序不相干原则。即一个集合的总数与点数这个集合中的每一个物体的顺序没有关系。研究表明，儿童对这一原则的了解也要有一个过程。儿童在开始时总是运用数数的惯用方式，即从左往右按物体的排列顺序数，认为这是唯一的正确数数的方法。5岁儿童中仍有不少人认为从一排物体的中间或反方向开始数是不对的数数行为。

以上介绍了数数技能的组成部分及发展阶段。在学前阶段，熟练的数数技能的发展就是学习如何去协调这些子技能。儿童不仅仅要具有这些子技能，子技能的发展本身对儿童来说是一个很大的成就。通过了解学前儿童在学习数数过程中所处的不同发展阶段和所掌握的技能范围，教师能观察到孩子们的进步，并提供有助于开发他们尚未形成的特殊的潜在技能的活动。

三、学前儿童数数技能的教育

（一）教育内容与要求

（1）小班：10以内的口头数数，按物数数。

（2）中班：① 30以内的口头数数，按物数数。

② 学习目测数数。

（3）大班：① 50以内口头数数。

② 学习按群计数。

③ 学习倒数。

（二）学前儿童数数技能的教育方法与指导

1. 口头数数

口头数数是指儿童能够依靠记忆，按顺序背诵出数字的名称。也常把它称为口头唱数或背诵式数数。口头数数主要是帮助幼儿记住数的顺序。两岁左右的幼儿可以开始学习口头数数，开始时，念的数目不要多，先念1~10，但要念得准，记得牢。随着年龄的增长，数的数目可以逐步增多。先数1~10，而10以上的数数，关键是让幼儿学习一套数学进位的法则，即10→11，19→20，29→30等。幼儿掌握了这个规律后，便能自己说出数量更大的数了。一般来说，3岁以下的幼儿数到20已经足够，4岁的幼儿可以开始学习20以上的口头数数。学前期儿童通常口头数数到50就够了，重要的是要让他们掌握数数的规律。以下是一些活动建议：

（1）数数儿歌。例如，数数儿歌"打老虎"：[①]

1，2，3，4，5，上山打老虎，

老虎打不倒，碰到小松鼠。

松鼠有几只，让我数一数，数来又数去，

1，2，3，4，5。

（2）游戏。例如，音乐游戏"十个小矮人"，请10名幼儿当小矮人，教师一边唱，一边轻轻拍小朋友的头。

（3）直接练习。例如，让幼儿一边拍手一边数数，既学会了数的顺序，又练习了节奏感。再如，幼儿上楼梯时，也可以边上边数。

2. 按物点数

按物点数，即把数词与可数的物体联系起来。学习按物点数，重要的是能够运用一一对应的技巧。

---

① 林嘉绥，李丹玲.学前儿童数学教育［M］.北京：北京师范大学出版社，1994：63.

在点数实物时,幼儿一方面要靠记忆按次序地说出数字,另一方面要运用一一对应的技巧,每念出一个数字,就用手指点着或拿起一件实物。

为了帮助幼儿能够运用一一对应这个技巧来数数,教师可以通过多种活动来进行教学:每说出一个数字,便配合一个点物的动作,重复这种练习,加强幼儿理解口头数数与点物一一对应的关系,并养成习惯,点数物品和口头数数一定要与动作相配合。以下是一些活动建议①。

(1)配合动作理解一一对应的活动。幼儿的大肌肉协调比小肌肉协调发展得早,因此通过较大的动作让幼儿练习一一对应的技巧会比较容易掌握。例如:

①在教室腾出地方,教师领着幼儿一边跳一边数数,每跳一下,便数一个数目。教师要注意,幼儿跳的动作与念出的数目是不是一致,即能不能做到一一对应。

②在地上画出格子,请幼儿轮流出来逐格跳,每跳一下,便数一个数,其他的幼儿一边看一边跟着数。

③由幼儿有节奏地拍掌(或用脚踩地),每做一个动作,便数一下。

(2)配合响声理解一一对应的活动。教师有节奏地敲响小鼓,每响一下,幼儿便数一个数。

(3)以一一对应方式点数实物。点数实物时,应使幼儿能够运用口数与点物一一对应的技巧。选用的实物,开始是体积比较大的,例如积木等;然后是体积较小的,例如纽扣、蚕豆等。

3. 目测数数

目测数数是指用眼代替,在心中默数,并说出总数。随着幼儿年龄的增长,幼儿数数时外部动作逐步内化。国内有研究表明,儿童2岁就能准确目测1～3个物体,3岁半开始目测数增长到3～4个物体,这一发展与儿童对基数概念的理解几乎同时出现。国外有学者认为,4～5岁幼儿能目测的数最大是5,也有的认为是4。开始,儿童目测的发展先于数数能力的发展,而儿童一旦掌握了点数后,他们的目测和数数能力相互作用、相互补充。从中班开始,可以教幼儿学习目测数,以提高幼儿计数水平,促进幼儿思维抽象性的发展。

(1)在进行数概念内容时,对幼儿提出目测数数的要求。幼儿按物点数,不仅是量的追加,更要重视其数数水平的提高。对于中班幼儿,在进行数概念内容的学习时,教师应提出目测数的要求。要求幼儿用眼睛看,在心里数,一下说出总数。

(2)组织目测数数的专门活动,教给幼儿顺接数的方法。教师给幼儿提供数群明显的数量卡片,如图6-1所示,数量卡片上有明显的两个数群,幼儿数的时候都有自己的方法。教师先让幼儿说一说是怎样数的,然后和幼儿讨论"怎样数得快"的问题。使幼儿明确可以先目测一组数量,接着数另外一组数量。在这样的活动中,幼儿也进行了顺接数的练习。顺接数能力对幼儿来说非常重要,因为幼儿将来进行加法运算时,会用到顺接数的方法。幼儿目测数的水平越高,意味着幼儿思维抽象能力较高,将来算加法时就算得快。

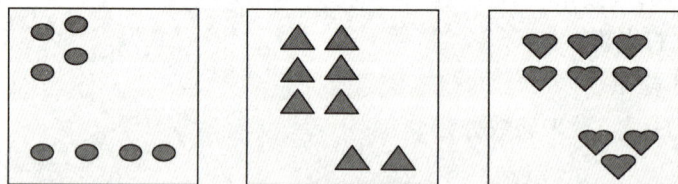

图6-1

4. 按群计数

幼儿习得按群计数,是以掌握按物点数为基础的。按群计数就是计数时不以单个物体为单位,而是以多个物体(数群)为单位,如以2为单位计数就是2,4,6,8,10……以5为单位计数就是5,10,15,20……以10为单位就是10,20,30,40……按群计数要求幼儿具有一定的数抽象水平,对于大班的幼

---

① 钱郭小葵.幼儿课程(下)[M].北京:北京师范大学出版社,1994:100.

儿,要学习按群计数。

5. 倒数

倒数是指按自然数列相反的方向数数。学习倒数,可以使幼儿从相反的方向掌握自然数的顺序,发展幼儿的逆向思维能力,为学习减法运算打下基础。幼儿进行减法运算时依靠的是倒数的方法。

阅读材料　教育活动案例

学习1～5顺倒数(中班)

一、活动目标

(1) 知道顺数时一个比一个多1、倒数时一个比一个少1。

(2) 清楚地口述每张卡片系列,知道它们是顺数还是倒数,从1顺数到5,从5倒数到1。

二、活动准备

(1) 教具:图例一幅、1～5数字一套。

(2) 学具:每人15块儿小正方体、1～5数字一套、塑料小人(动物)一个。

三、活动过程

1. 操作活动之一(请幼儿用积木搭楼梯)

教师:请小朋友用小方块儿在自己的桌子上搭一个楼梯,先摆一块儿,再挨着它摆两块儿,一层比一层高。(幼儿操作,教师巡回指导)

提问:楼梯一共有几层?(5层)

第一层有几块积木?第二层有几块积木?第三层有几块积木?第四层有几块积木?第五层有几块积木?(幼儿分别点数)它们一层比一层多1块积木。

请幼儿把数字卡放在每一层下。

2. 操作活动之二(幼儿手拿小人上楼梯)

教师:请小朋友拿着塑料小人上楼梯,边上要边说:"1,2,3,4,5",一直到第五层。请小人下楼梯,边下边数(5,4,3,2,1),重点请幼儿说一说,下楼梯的时候一个比一个少1。(请幼儿多玩几遍)

3. 教师把图例贴到黑板上让幼儿观察,进一步让幼儿理解数差关系

4. 口头游戏"看谁数的快"

教师说上楼梯,小朋友迅速说:"1,2,3,4,5",教师说下楼梯,小朋友迅速说"5,4,3,2,1",速度可逐渐加快(集体对答、个别对答)。

四、活动延伸

在生活中提醒幼儿注意倒数的事例,如红绿灯数字等。

第二节　学前儿童基数与序数概念的发展与教育

一、关于基数与序数的基础知识

自然数作为一类无限集合的标志,它可以表示集合中元素的个数。另一方面,由于自然数在自然数列中是有序的,所以还可以用来给集合中的元素编号。

(1) 基数。一个自然数用来表示集合中元素的个数时,称为基数。

(2) 序数。一个自然数用来表示集合中元素的顺序时,称为序数。用序数词"第几"表示。

(3) 数的守恒①。对事物数量的认识能根据客观事物的数量来确定,而不受物体的大小、排列形式及其他无关特征的影响。

二、学前儿童基数与序数概念的发展特点

儿童最先理解的是自然数基数的含义。当儿童开始数数的时候,数数和基数概念是相互分离的,当儿童把数数的过程和基数的意义联系起来时,即数数要有个结果时,对数的理解就迈出了重要的一步②。当儿童能够理解数到最后一个数就是总数,是一个关键的数学能力,标志着儿童初步掌握了基数概念。

儿童理解和掌握自然数序数的含义要晚一些。因为要理解序数,需要幼儿能一一对应点数物体,能给物体或数目排序,还要掌握数的顺序。研究表明,儿童序数概念在 4 岁以后逐步发展起来。3 岁儿童没有序数概念,例如,排好一组物体,要求他们拿出"第几个"时,他们便随意取出第一个和最后一个。4～5 岁儿童的序数概念有了较快的发展,多数能指出 5 个以内物体的排列次序,但是还有少数儿童对基数和序数发生混淆。有实验证明,当基数和序数不对应的情况下,儿童不理解序数。

数的守恒是瑞士心理学家皮亚杰提出的。皮亚杰认为,数量的守恒本身不是数的概念,而是一个逻辑的概念。但是,儿童必须掌握了数的守恒之后,才能真正掌握数的实际意义和计数的实际意义③。儿童数的守恒能力是逐步发展起来的。4 岁左右儿童能手口一致按物点数,并能说出总数,但是在判断物体数量时,会受到物体大小或排列形式的干扰。例如,儿童认为 5 只大皮球比 5 只小皮球数量多。再如,两排圆片,数量同为 10 个,但是排列的疏密不同,儿童在数了后确认都是 10 个,但是还认为不一样多。3 岁半以前很少有幼儿达到数的守恒,4～5 岁的幼儿约有半数能理解,对于数守恒的理解也是初步的。一般来说,经过教育,5 岁半幼儿能理解数的守恒。

三、学前儿童基数与序数概念的教育

(一) 基数的教育

1. 基数的教育内容与要求

基数概念是儿童数概念形成的开始和基础。基数的教育主要在小班、中班进行。需要说明的是,因自然数有单数、双数之分,认识单数、双数可以视为对基数含义的深入理解,这项内容在大班进行。也把它放在本节阐述。

(1) 小班:手口一致地点数 5 以内的物体,并能说出总数。按实物范例和指定的数目(5 以内)取出相等数量的物体,学习一些常用量词。

(2) 中班:正确点数 10 以内的物体并说出总数。按指定的数目(10 以内)取出相等数量的物体。能不受物体的大小、形状和排列形式的影响,正确判断 10 以内物体的数量。

(3) 大班:认识 10 以内的单数和双数。

2. 教育方法与指导

(1) 按物点数,说出总数。对于小班幼儿,要特别关注手口一致点数物体,说出总数的教育。具体方法是教师指导幼儿用右手食指从左到右(或从上到下)地点数一个物体说出一个数词,掌握正确的点数方式。开始儿童对说出总数感到困难时,教师可以在点数至最后一个物体时,用手指围绕所点过的物体划一个圈,对最后一个数词提高声音,和儿童一起说出总数,也可以让儿童把被数的物体用手指画一个圈,帮助儿童逐步理解总数的含义。

(2) 实物 (或实物卡片)、点子卡片、数字匹配。实物卡片有具体的形象,点子卡片抽象一些,卡片上的点子对儿童来说是具体的,看得见又能点数。但是点子又具有一定的概括性和抽象性,卡片上的点子可以表示一定数量的任何实物,每一数量的点子卡片都是相应数量实物的概括抽象,而数字是抽象的

① 王忠民.幼儿教育辞典[M].北京:中国大百科全书出版社,2004:715.
② 转引自周欣.儿童数概念的早期发展[M].上海:华东师范大学出版社,2004:82.
③ 矫德凤,王凤野.幼儿计算教学法[M].北京:人民教育出版社,2006:80.

符号,如图 6-2 所示。

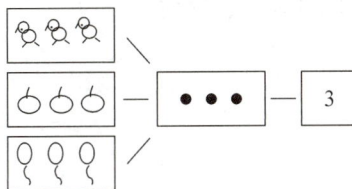

图 6-2

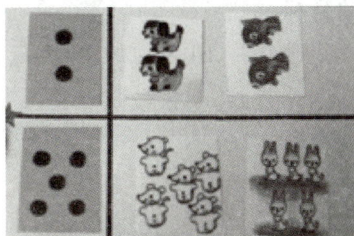

图 6-3

教儿童认识 10 以内数基数的含义时,可以利用这些抽象程度不同的教具设计各种操作活动,帮助儿童理解基数的含义。

① 按数量(或看数字)取物。这类活动如看点卡取物、看数字取物等,如图 6-3 所示。看数字取物即给出数字,幼儿配上相应数量的实物。看点子卡取物简单,有的幼儿可能运用的是对应的策略。看数字取物难度大一些。一般来说,判断幼儿是否真正具有了基数概念,可以检测其是否能按数取物。例如,教师说:"请你从积木筐里拿出 5 块积木。"如幼儿正确数出 5 块积木,可视为理解了基数。

② 用点子卡(或数字)表示实物的数量。这类活动是从具体到抽象,有助于幼儿概括出基数的含义。如"给实物印点子""给实物配上数字"等活动。

(3) 运用感官计数的方式加深对基数含义的理解。感官计数指的是用听觉、触摸觉、运动觉来感知物体的数量。感官计数有助于儿童感知集合中的每一个元素,加深儿童对数实际意义的理解。例如,认识了 4 的含义,教师让幼儿学小动物叫四声,学小兔跳四下等。

(4) 进行数的守恒教育,加深对基数含义的认识。对于小班的幼儿,可以让其数排列形式不同的物体,积累关于数守恒的经验。数的守恒教育主要是在中班进行的。下面介绍两种活动方式。

① 通过操作,感知数的守恒。

案例 1　　　　　　　　　　　　　　**撒　圆　片**

给幼儿 6 个小圆片,中间是空心的。幼儿把圆片撒在纸上,用水彩笔在每个圆片空心处点一个圆点,这样就出现了 6 个圆片的一种排列形式。如此撒若干次,使幼儿认识到:一定数量的东西,排列方式可以变化,但是数量不变。

② 改变物体排列形式,进行数量判断。

例如,改变排列距离,如图 6-4 所示;改变排列位置,如图 6-5 所示。

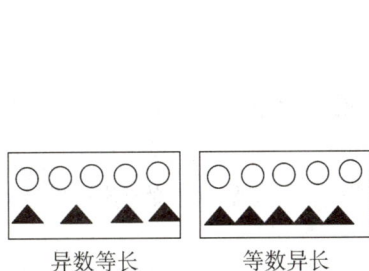

异数等长　　　　等数异长

图 6-4

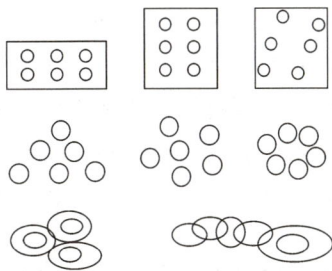

图 6-5

对于数的守恒,教师一方面要在幼儿认识基数的时候渗透守恒的教育,要有意识地让幼儿数不同排列形式的同一数量。在此基础上,通过设计数的守恒的教学活动,整理、提升幼儿的经验。

(5) 教大班幼儿认识单数与双数。

案例2

区别10以内单双数(大班)

一、活动目标

(1)理解并能区别10以内的单数、双数,感知10以内单数、双数排列规律。

(2)乐于动手操作,积极动脑思考问题。

二、活动准备

(1)教具:1~10数字一套、圆片若干。

(2)学具:每人一套1~10数字卡、圆片若干(或单或双)。

三、活动过程

1. 联系幼儿生活经验,初步理解单、双数的含义

教师:"小朋友,我说一句话,说对了,小朋友就说对,错呢,就告诉老师错在哪里,怎样才算对?"教师说"一张嘴,一个鼻子。"(对)"妈妈给我买了一只手套,我有一只耳朵。"(不对,应是一双手套,两只耳朵)

总结:凡是两个两个成对出现的东西就叫双,如一双鞋、一双筷子,一双手,有的东西可以是一个一个成单的,如皮球、帽子,这些东西可以是单个的。

2. 幼儿操作,认识单、双数

幼儿拿出自己的圆片,两个两个配成对,请幼儿讲述摆放的情况(幼儿:我有5个圆片,有一个没对儿,我有8个圆片,都配成对儿了)。将幼儿的操作情况演示如下:

```
1    2    3    4    5    6    7    8    9    10
0    00   00   00   00   00   00   00   00   00
          0    00   00   00   00   00   00   00
                    0    00   00   00   00   00
                              0    00   00   00
                                        0    00
                                             0    00
```

总结:像这样的数2,4,6,8,10表示的东西都是成双成对,这样的数叫双数;1,3,5,7,9叫单数。

3. 幼儿操作,感知单双数的间隔排列规律

幼儿把自己的数字卡片从1~10排列好后翻过去,教师指令:

(1)翻出这些卡片中的全部双数。

(2)翻出这些卡片中的全部单数。

讨论:怎样翻才能又快又对(幼儿讲述自己是怎样操作的,感知积累1~10中单、双数间隔排列规律的经验)

4. 运用游戏法进一步区别单、双数

(1)游戏:看数判断。

(2)玩法:教师抽出10以内任意一张数字卡片,如是双数,幼儿找一个朋友拥抱,如是单数,幼儿做双臂交叉状(速度由慢到快)。

(3)活动结束:小朋友们,你们下去找一找,我们身上什么是单数的,什么是双数。

从上述活动中可以看到,教师采用多种方法教幼儿认识单数、双数,幼儿在操作中建构单、双数的概念,发现单、双数的排列规律。

(二)序数的教育

认识序数以认识基数为基础,因此序数的教育一般安排在学习基数之后进行,年龄段一般选择在中班。

1. 教育内容与要求

(1)初步认识序数含义,会用序数词表示物体在序列中的位置。

（2）能从不同方向（从左到右、从右到左、从下到上、从上到下等）判断物体在序列中的位置。

具体在安排教育内容时，可以分段安排。例如，先学习5以内的序数，再学习10以内的序数。另外，从思维发展的角度来说，可以先学习一个方向的判断如图6-6所示，从下到上，然后再学习二维判断，如小猫住在第二层第四间如图6-7所示。

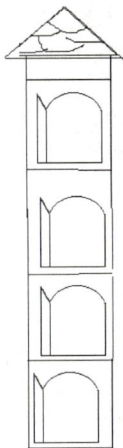

图6-6

图6-7

2. 教育方法与指导

（1）创设直观情景，教儿童理解序数的含义。教师运用教、学具，引导幼儿感知和认识每个物体在一组序列中所排的位置，即它是第几个。例如，教师出示5个玩具动物，可以先让幼儿说说它们的名字，数数一共有几只小动物，接着进行序数的教学。要给小动物排排队，一边挪动小动物一边说："我从左边开始，请小兔排在第一个，小狗排在第二个，小猴排第三个，小熊排第四个，小象排第五个。"然后，老师反复提出"××排在第几个？"的问题，或"第×个是谁？"的问题，让幼儿回答，以理解序数的含义。

（2）使儿童明确点数是判断物体在序列中位置的方法。儿童对数量少的一组物体能够确定出物体的排列次序，但物体数量较多时则不容易一下判断出物体所处的位置。教师提出问题如："你是怎样知道（如小猫）排在第3的？"引起儿童的思考，使儿童认识到判断物体排列次序时，数到几就是第几。

（3）教儿童从不同的方向判断物体排列次序。例如，在判断一组物体的排列顺序时，教师先让幼儿从左到右判断，然后再让幼儿从右到左判断。另外通过对"从不同的方向数，物体所处的位置一样不一样？"这些问题的讨论，使儿童初步感知序数的方向性和相对性，发展儿童思维的灵活性。

（4）通过操作、游戏活动巩固对序数的认识。游戏活动如"第几个东西不见了"。即将一组玩具编上号，然后请儿童闭上眼睛，收起来1个，请幼儿睁开眼后说出第几个不见了。加深难度的话还可以把两个玩具调换一下位置，让儿童说出第几个和第几个换了位置。序数的操作活动也有很多，如让幼儿把一组物体排好，说一说什么东西是第几，并用一个数字表示该物体的位置。

（5）教儿童区分基数和序数。幼儿基数概念和序数概念有时会发生混淆，可以通过组织基数和序数相联系的活动，使幼儿区分基数和序数。例如下面这个"钱盒子游戏"①。

案例3　　　　　　　　　　　　　　　"钱盒子"游戏

玩法：老师让每个幼儿取一个纸制投盒物（可以教幼儿折叠一个纸盒并剪出一个槽口而成），让幼儿每人取5～10个雪花片，每次投一个，一边投一边数："一、二、三、四……"，投完以后请他们说一说自己的盒子里有几个雪花片。能回答出有几个雪花片的幼儿能区分基数与序数，而需要掀开盒子重新数一遍的幼儿还未理解序数。

---

① 张慧和,张俊.幼儿园数学教育[M].北京:人民教育出版社,2004:190.

阅读材料　教育活动案例

案例1　　　　　　　　　　　　序数第1～第4(中班)

一、活动目标

(1) 学习用序数词(如第一、第二、第三、第四)判断物体的排列位置。

(2) 体验游戏活动的快乐。

二、活动准备

(1) 幼儿经验:在开展游戏之前至少能数到第四。

(2) 材料:4个小球或者沙包、4把椅子或者4种玩具。

三、活动过程

1. 轮流掷沙包,学习序数

每4人一组,以保证轮流迅速。例如,给每名幼儿一个小球或沙包,提问:"一共有多少个沙包?让我们数一数,1,2,3,4。我能同时把所有沙包都抓住吗? 不能。所以,大家必须轮流着玩,你是第一个,你是第二个,你第三,你第四。好的,第一位小朋友,先把你的沙包投过来,第二位,再投你的,第三位,第四位。"每个人都试过一次后,再重新开始。这次,让幼儿自己说自己的序号。

2. 玩具排在第几

把4样玩具排成一行,告诉幼儿:"这是第一个,这是第二个,这是第三个,这是第四个。"问幼儿问题:"请指出第一件东西,指出第二件,指出第三件,再指出第四件。"

3. 游戏"旅行"

将4把椅子一字排开,说:"我们现在在火车(汽车、飞机)上了。"请一名幼儿参加"你坐第三个座位。"依次坐定之后,开始幻想的旅行:"好,现在我们该下车了。请坐在第三个座位上的小朋友先下来,然后是第一个、第四个、第二个。"

四、活动延伸

在生活中幼儿站队时,学习判断第几。

案例2　　　　　　　　　　　　数的守恒(中班)

一、活动目标

(1) 排除外部因素(颜色、大小、空间排列形式、空间距离)的干扰,初步体验5以内数的守恒。

(2) 对数活动有兴趣,积极思考、回答问题。

二、活动准备

(1) 课件1:两筐东西,数量相同,大小不同,小狗、小猴两只小动物。

(2) 课件2:制作大小不同,颜色不同,排列不同的花。

(3) 操作材料:卡纸做的三角形(颜色,大小不同)。

三、活动过程

1. 创设问题情景,导入课题

呈现课件:小动物和两个筐,一个大一个小,里面都有8个苹果,大小不同。提问:小朋友你看它们怎么吵起来呢,看看有什么要帮忙的? (从中引入数的守恒)

小结:虽然箩筐的大小不一,但里面装的东西的数量是一样多的。

2. 演示、讨论

(1) 出示大小不同、颜色一样的花先让幼儿观察,提问:大的有几朵?小的有几朵?除了颜色一样以外还有哪里是一样的?

小结:刚才的花,大小不同,但是它的数量是相等的,都是5,和大小没有关系。

（2）出示 4 幅排列不同形式的花的图片,让幼儿观察,它们哪里不同? 哪里是一样的?

小结:虽然它们排列的方式是不同的,但是它们的数量还是一样的,都是 5。

3. 幼儿操作

（1）请每个小朋友拿 5 个三角形,组成不同形状的图案。

（2）幼儿操作,教师巡回指导。

（3）请每组推选一个小朋友,上来演示给其他小朋友看,说说是怎样排列的。

小结:刚才 4 组小朋友选上来的代表,用不同的方法演示了排列的图案,小朋友想的都非常好。

活动结束:在我们的生活中,还有许多像这样颜色不同、大小不同,但数量是相同的东西,我们就一起去找找吧。

四、活动延伸

在数学区投放守恒活动的材料,让幼儿粘贴。

第三节　学前儿童数序概念的发展与教育

一、关于数序的基础知识

1. 数序

数序指的是自然数的顺序,每个数在自然数列中的排列,都是按照后面的一个自然数比前面的一个多 1 的顺序排列起来。也就是说数序指的是每个数在自然数列中的位置以及相邻数之间的大小关系。例如在自然数列中,2 在 1 的后面,比 1 大,2 在 3 的前面,比 3 小。其他各数都如此。数序概念是数概念的一个组成部分。

2. 相邻数

自然数列中某数前面的一个数和后面的一个数,叫做这个数的相邻数。相邻数涉及自然数列中 3 个数的关系。

二、儿童数序概念的发展特点

儿童在口头点数的时候记住了自然数的顺序,但是这并不代表儿童就有了数序概念。例如,儿童知道 1 后面是 2,2 后面是 3,3 后面是 4……但是并不理解数的大小、数量多少的关系。例如,问 3 ~ 4 岁幼儿 4 个和 5 个哪个多,幼儿大都不知道。4 ~ 5 岁幼儿比较 10 以内相邻两数多 1、少 1 关系的能力逐步发展起来。但是对两数之间关系的理解建立在两组物体对应比较的基础上,依靠计数活动完成。儿童还未明确建立抽象的数序概念。5 ~ 6 岁幼儿数序概念进一步发展,一般都能顺利地比较 10 以内数的大小,而且初步理解相邻 3 个数的关系。这标志着儿童具有比较数的大小和给数排序的能力。

三、儿童数序概念的教育

（一）教育内容与要求

（1）中班:感知和体验 10 以内自然数列中相邻两数的等差关系(即多 1 和少 1 的关系)。

（2）大班:认识 10 以内的相邻数,感知体验 10 以内相邻数之间的等差关系。中班幼儿数概念发展的一个关键经验就是运用序的观念排出 10 以内的自然数列,理解数列中数的顺序和数差关系。对于数字的顺序,从根本上说是和"多 1 个"的概念联系起来的。数字 4 排在数字 3 的后面,因为 4 个比 3 个多了 1 个。在具体安排教育活动时可以遵循从整体到局部的设计思路,即先引导幼儿从整体上感知 10 以内自然数数列入手,然后再截取该数列中任意一段连续数来判断其等差关系以及前后顺序①。

（二）教育方法与指导

1. 认识10以内数列

实物操作,体验自然数列的等差关系。教师可以给幼儿提供如下思路的材料,让幼儿排列、操作。

① 玩数字阶梯、珠梯。让幼儿摆阶梯、穿珠子,排列好后,配上数字,如图6-8所示。然后引导幼儿说一说:第二列比第一列多1,发现其规律是一个比一个多1,体验数差关系和顺序关系。

② 点卡排序。给幼儿提供材料,如图6-9所示,让幼儿把点卡按从小到大的顺序排列并配上数字。

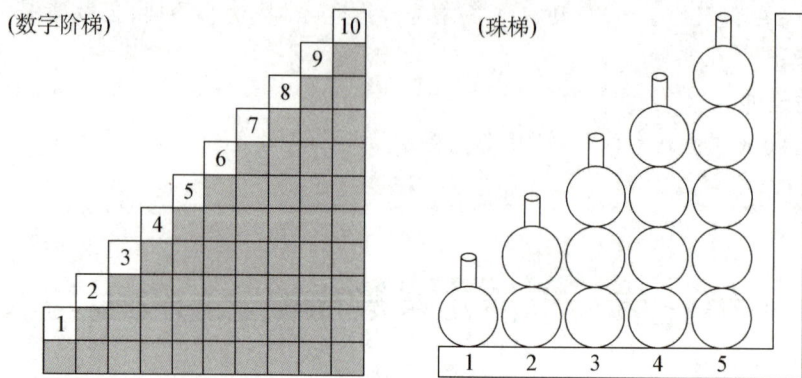

（数字阶梯） （珠梯）

图6-8

③ 填补数列。给幼儿提供材料,如图6-10所示,让幼儿摆（画）实物并说出多1的数差关系。

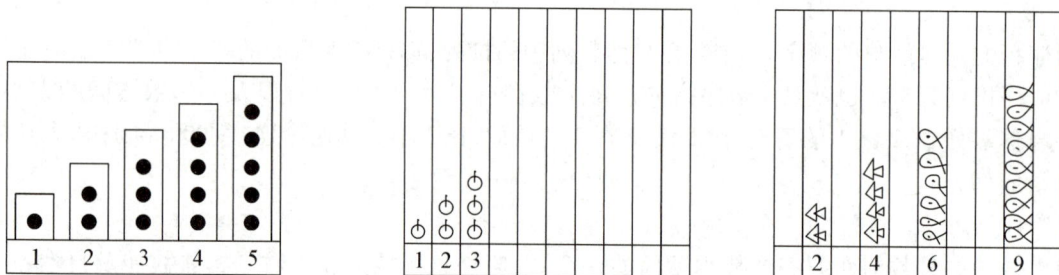

图6-9

图6-10

2. 认识相邻数

在幼儿学习了整体数列之后,可以学习相邻数。例如,在自然数列中,3比4少1,3比2多1,3的相邻数是2和4。认识相邻数的方法如下:

① 开始教一个数的相邻数,可采用3组实物进行比较。比较时,注意以中间实物为中心,和两边的比较。通过提问启发幼儿:3的前面是几? 3的后面是几? 3比2多几? 3比4少几?

② 通过操作、游戏活动练习。例如,填补相邻数,如图6-11所示。

图6-11

案例 游戏"找朋友"

（1）目的:练习5以内的相邻数。

（2）准备:每个幼儿1个数字卡（6以内）。

① 张俊.给幼儿园教师的101条建议·数学教育[M].南京:南京师范大学出版社,2007:121.

（3）玩法：请幼儿说一说自己拿的是数字几。教师先请如拿数字 3 的小朋友到前面来站好。然后这几个小朋友拍手说："找找找,找朋友,我的朋友在哪里? 快快到我身边来",然后拿数字 2 和 4 的小朋友就要站到他们身边,相互检查并说一说:3 的朋友是 2 和 4,3 比 2 多 1,3 比 4 少 1。换数字继续游戏。

阅读材料　教育活动案例

5 以内的相邻数(中班)

一、活动目标

（1）感知 5 以内相邻数之间的数量关系,如 2 的相邻数,2 比 1 多 1,2 比 3 少 1。

（2）在活动中能进行观察、比较、判断、推理。

二、活动准备

（1）知识经验:认识 10 以内基数、序数。

（2）活动材料:数字卡片 1～5 各一张。每名幼儿 15 个小雪花片(或其他小实物)、1～6 数字卡片一套。

三、活动过程

1. 运用操作法教幼儿学习 5 以内数的相邻数

（1）学习 2 的相邻数。让幼儿拿出两个雪片,从左到右排成横排。

提问:比 2 少 1 的数是几? (幼儿回答)

请幼儿在两个雪片上面摆一个雪片并一一对齐;比 2 多 1 的数是几? (幼儿回答后)请幼儿在 2 个雪片下面摆出一排 3 个雪片。

提问:2 个比 1 个多几个? 1 个比 2 个少几个? 3 个比 2 个多几个? 2 个比 3 个少几个?

小结:3 个数比较时从中间一个数开始,先和比它小的数比,再和比它大的数比,比这个数少 1 和多 1 的两个数就是这个数的好朋友。

数字比较:让幼儿在 3 排雪片右边摆出相应的数字卡片 1,2,3,用数字进行比较(说出 2 比 1 多 1,2 比 3 少 1,2 的好朋友是 1 和 3)。

（2）学习 3 的相邻数(学法同上)。

（3）学习 4 和 5 的相邻数。

在幼儿掌握 2 和 3 相邻数的基础上,让幼儿尝试用推理的办法,自己摆出和说出 4 和 5 的相邻数(如有困难,教师辅导,过程同上)。

2. 口头游戏"找朋友",巩固相邻数知识

教师问:"3 的好朋友是几和几?"

幼儿答:"3 的好朋友是 1 和 2。"

四、活动延伸

在数学角投放"填补相邻数"的材料供幼儿选择练习。

（活动设计者:郑州市新建幼儿园,荆聪甫）

第四节　学前儿童数组成概念的发展与教育

一、关于数组成的基础知识

1. 数的组成

自然数列中除 1 以外的任何一个数都可以分成几个部分数,几个部分数可以合成一个数。数的组

成包含着组合和分解两个方面。儿童学习数的组成只学习将一个数分成两个部分数，理解总数与部分数之间的分合关系。

2. 数组成中的数量关系

（1）总数与部分数的包含关系。即总数包含两个部分数，总数与两个部分数之和虽然相等但与两个部分数之间并不构成并列关系，而是它们的上一位概念。分合号形象地揭示了数的组成这类层级与包含关系。

（2）两个部分数之间的互换关系。即两个部分数交换位置后再合起来总数不变。例如 8 可以分成 1 和 7，8 也可以分成 7 和 1。

（3）两个部分数之间的互补关系。即总数不变，如果一个部分数增加几，另一个部分数就要相应地去掉几，反之也一样。例如 8 可以分成 1 和 7，当其中部分数 1 增加 1 变成 2 时，另一个部分数 7 就要去掉 1 变成 6。

二、儿童数组成概念的发展特点

儿童掌握数的组成，在心理上是对总数和部分数 3 种关系的综合反应。综合反应是指儿童必须同时掌握并运用 3 个数群之间的关系，才能完全做到掌握数的组成。4 岁半以前的儿童不能理解数的组合和分解。他们任意摆弄物体，有的虽在行动上将一个数分成两个部分数，但是口头上却说成两个另外的数。如将 8 个扣子分成 4 个和 4 个，却说成 5 个、8 个。5 岁以后，儿童能初步理解数的组成，但是不全面、不稳定，表现为不能完成所有的组成形式，需要反复练习或尝试错误。

5 岁半以后，儿童数的组成能力发展较快。6 岁半左右儿童基本掌握数的组成。

三、儿童数组成概念的教育

（一）数组成教育的意义

1. 深化对数的理解

学习数的组成即儿童理解数是可分可合的，引起儿童对数群构成观念发生变化，即数群已不是由一个一个的 1 集合起来，它的内部有不同的组合，有不同的子群。

2. 学习加减的基础

学习数的组成有助于加强儿童对整体与部分、部分与部分之间的抽象关系的理解，为学习加减运算打下基础。能否迅速回忆出构成 10 的数字组合是以后计算的关键。在计算过程中，这些数字组合是孩子们经常要参考的重要的"基准"。在学习计算的初始阶段，他们能否自信地回忆这些数字事实要比任何正式的笔算形式都重要。

（二）数组成教育内容和要求

"10 以内数的组成"教育在 5 岁半进行较好，如 5 岁学习，需幼儿有较高的数概念水平。因此，安排在大班年龄段。具体教育内容和要求是：

（1）知道 10 以内除 1 以外任何一个数都可以分成两个较小的数，两个较小的数合起来是原来的数。

（2）感知体验数的组成中的互补、互换关系。

（3）会有序地进行一个数的分合。知道一个数的分、合方法比该数少 1。

数组成的教育涉及 2～10，一共 9 个数的组成。不同的教材有不同的编排。有的教材是从 2，3 的组成开始编排，有的教材编排以 5 这个数的组成为切入点。

（三）儿童数组成概念教育方法与指导

1. 操作为先，体验为主

幼儿掌握数的组成需经历从具体到抽象的认知发展过程。要从分合实物开始，使幼儿获得分合数的动作体验。引导其观察、讲述分合过程，并学习用语言表达，帮助他们理解分合的含义。

案例 1 　　　　　　　　　　　　**学习"2 的组成"活动片段**

（1）准备：每个幼儿两个塑料苹果，一张记录纸。

（2）过程：教师发给幼儿两个塑料苹果，明确总数后。要求幼儿把两个苹果分在两个盘子里。分好后，请幼儿说说自己是怎样分的。幼儿说："两个苹果分在两个盘子里，一个盘子里有一个苹果。"向幼儿介绍分合符号，认识 2 的分合式，读作"2 可以分成 1 和 1，1 和 1 合起来是 2。"

"分两份"是学习数的组成的方法之一，教师可以举一反三，引导儿童学习 3、4 等数的组成。

2. 学习记录，进行表征

在儿童具备了一定的数组成知识经验后，要让儿童操作探索某个数的组成形式，并学习自己记录分合结果。

案例2　　　　　　　　　　　学习"5 的组成"活动片段

（1）准备：操作盒每人一个，记录单每人一张。

（2）过程：教师让幼儿按数卡上的数拿出相应个数的小实物分成两份放在操作盒并列的两格里。幼儿每次拿 5 个分两份直到出现重复的方法为止，把重复的拿开，在作业单上记录结果，如图 6－12 所示。要求幼儿看操作盒和自己的记录讲述 5 可以分成几和几，几和几合起来是 5。

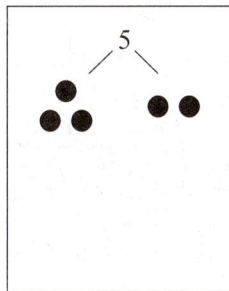

图 6－12

3. 回归规律，提升概念

（1）感知互换关系。幼儿理解了数的组成的互换关系，可以提高其思维的灵活性，并且也能够为他们在今后学习加法的交换律提供理解的基础。可以通过让幼儿具体操作实物来理解这一关系。例如，提供"扑克配对"这种思路的操作材料，两边的扑克牌可以换位置，合起来是一个总数。在幼儿操作体验的基础上，引导幼儿思考。

（2）感知互补关系。幼儿在确定另一个部分数到底是增加还是减少时，必须以总数不变为条件，幼儿只有理解了两个部分数在总数一定的前提下而此消彼长或彼消此长后，才能真正理解减法的意义，并获得可逆性思维的发展，形成数学思维的运算结构。可以先引导幼儿学习有序地分合一个数。例如，提供"翻卡片"的操作材料，让幼儿翻卡片做记录，先翻一张，再翻两张，这样记录的组成式是有序的，如图 6－13 所示。然后，教师把幼儿分的结果演示呈现出来，让幼儿观察并且发现"一边的数一个比一个多 1，另一边的数一个比一个少 1"。之后，应让幼儿做一些练习，如图 6－14 所示。

图 6－13

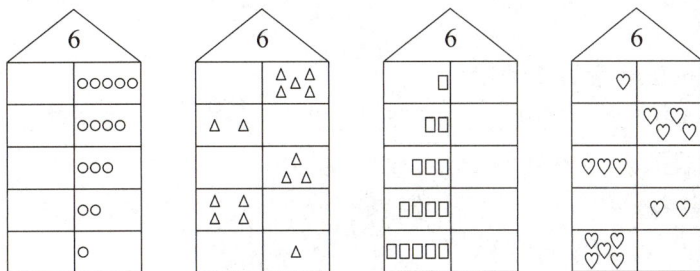

图 6－14

4. 运用规律,迁移知识

在学习了7以内数的组成后,幼儿已经具备了数组成的知识经验。对8,9,10这几个比较大的数来说,要求幼儿运用所学规律(互换、互补规律)来学习。促进幼儿知识的迁移和推理能力的发展。可以不从操作学具入手,但是仍需幼儿记录推理的结果。当幼儿已经熟练掌握了10以内数的组成后,教师应打破其认知平衡。引导幼儿根据数的包含、互补、互换的关系,能够填出某一数的分合总数或其中一个部分数,掌握数的分合关系。

5. 多种形式,练习巩固

(1)书面填空。分圆点用数字记录,如图6-15所示。

(2)看图记录组成式。采用多角度分类的方式,练习一个数的组成,如图6-16所示。这种方式在幼儿有了一定的数组成知识经验后才能采用。

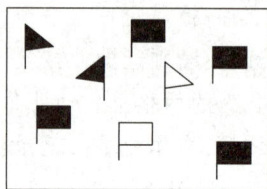

图6-15

图6-16

(3)数组成游戏。练习组成的游戏很多,略举一种:

案例

举 卡 片 游 戏

幼儿每人一套1~10数字(或点卡)卡片,教师问:"6可以分成3和几?"幼儿举起3的卡片。也可以教师举起一张卡片(总数),幼儿同时举起两张卡片,两张卡片上的数合起来是总数。

总之,数的组成教育的重点应放在帮助幼儿理解和掌握总数与部分数的3种关系及分合的有序性方面。要重视思维方法和解决问题能力的培养,引导幼儿积极主动从中发现、探索规律。不要把会背"一个数可以分成几和几,几和几合起来就是这个数"作为教育重点或目标,而是要在儿童理解了3个关系以后再来学习描述数的组成的语言,这样才能达到数的组成教育的真正目的——为儿童学习加减运算打下基础,从而有效帮助儿童深化对数概念和数运算的理解。

阅读材料 教育活动案例

造房子(大班)①

一、活动目标

(1)进一步学习5以内数的组成,体验发现"数越大,组合的方法越多",每个数的分合方法比它自身少1的规律。

(2)在活动中加深对表示数的分合符号的认识,能迁移整理已有组成的经验。

二、活动准备

(1)幼儿经验:已学过2~5的组成。

(2)教具:大房子图一间两层、数卡"1"3张、"2"2张、"3"1张、分合符号4个。

(3)学具:记录纸、房子图10张,幼儿人手2套1~5的数字卡。

三、活动过程

1. 演示与讨论

(1)出示房子图,引导幼儿根据屋顶上的数字"2"来布置两个房间。(规则:屋顶上的数是总

---

① 黄瑾.学前儿童数学教育[M].上海:华东师范大学出版社,2007:156.有改编.

数,两个房间分别贴上部分数,即 1 和 1)

　　(2) 将房子拿掉,请幼儿讨论并讲讲 2,1,1 等 3 个数是什么关系,用符号"∧"和"∨",表示分成、合起来。

　　(3) 出示屋顶上的数字为 3 的房子图,引导幼儿根据相同方法学习 3 的组成,重点体会 3 有两种分法。

　　2. 迁移与运用

　　在前一次操作经验的基础上,迁移整理 5 以内各数的组成。(幼儿人手一份操作分合学具,在房子图上贴数字,并在记录纸上用数字和分合符号表示)

　　3. 集体交流

　　(1) 幼儿介绍,教师有序排放 5 以内各数的组成卡片。

　　(2) 指导幼儿学会把一个数分成两份,这两份合起来还是原来的数。

　　(3) 引导幼儿观察列出的每一个数字分的结果记录情况,提问:"2 有几种分法? 3 有几种分法? 4 有几种分法? 5 有几种分法?"

　　总结:数越大,分合的方法越多,每个数的分合方法比它本身少 1。

　　4. 游戏巩固

　　"凑手指"游戏:两个幼儿一组。教师报出 1 个数如 5。则幼儿两人出的手指数合起来应是 5。例如,一个幼儿伸出 3 个手指,另一幼儿伸出 2 个。出手指的先后可轮换或对的先出,错的后出。

第五节　学前儿童认识数字符号的发展与教育

一、有关数字符号的基础知识

　　数字符号又叫数字,也可称为数码。每个数字都代表了一个数量,是记录多少的手段。世界上最常用的是印度阿拉伯数字:0,1,2,3,4,5,6,7,8,9,计 10 个数码。中国常用汉字数码为一、二、三、四、五、六、七、八、九、十。

二、儿童认识数字符号的发展特点

　　在周围的环境中,儿童随处都可以见到数字,如闹钟、钱、日历、刻度尺等。他们也会听到人们说:"我的手机号是 13511122334。"通常,在能够将符号与数字名称进行实际匹配之前,儿童就已经开始使用这些数字名称了。如一个儿童说:"1 个,2 个,3 个。我一共有 3 个布娃娃。"儿童最先是记住了数字的字形,例如,3 岁的幼儿就能指认数字,但是,这个时候幼儿就如认字一样记住了数字的外形,并不理解数字的含义。随着幼儿数概念的发展,才能逐步理解数字的意义。

三、儿童认识数字符号的教育

　　(一) 教育内容与要求

　　在前运算阶段,幼儿应会掌握 6 项数字符号技能:

　　(1) 能够识别并说出一个数字。

　　(2) 能够把数字按顺序排列:0,1,2,3,4,5,6,7,8,9,10。

　　(3) 能够把数字与物体相对应:如"1"表示一样东西。

　　(4) 能够理解在按照多少顺序排列起来的一组数字中,后面的数字总比前一个数字多 1(即 2 比 1 多 1 个,3 比 2 多 1 个等)。

（5）能够学会把某一个数字与该数字代表的任何一组物体联系起来,并且为给定的数字匹配相应数量的一组物体。

（6）能够学会书写数字。

上述技能的教育渗透在幼儿数概念的学习中。如中班认识基数时,学习将数字与物体对应,学习数序时,将数字及数量卡片按顺序排列。

（二）教育方法与指导

1. 认读数字

教儿童认读数字时,一方面让儿童认准字形,读准发音,更重要的是让儿童会用数字表示相应数量的物体,建立数字与数量的联系,理解数字的实际意义。

（1）进行数字与数量相联系的活动。如图6-17所示的学具设计思路可以给我们提供参考,在熟悉数字字形的同时,理解数字的意义。

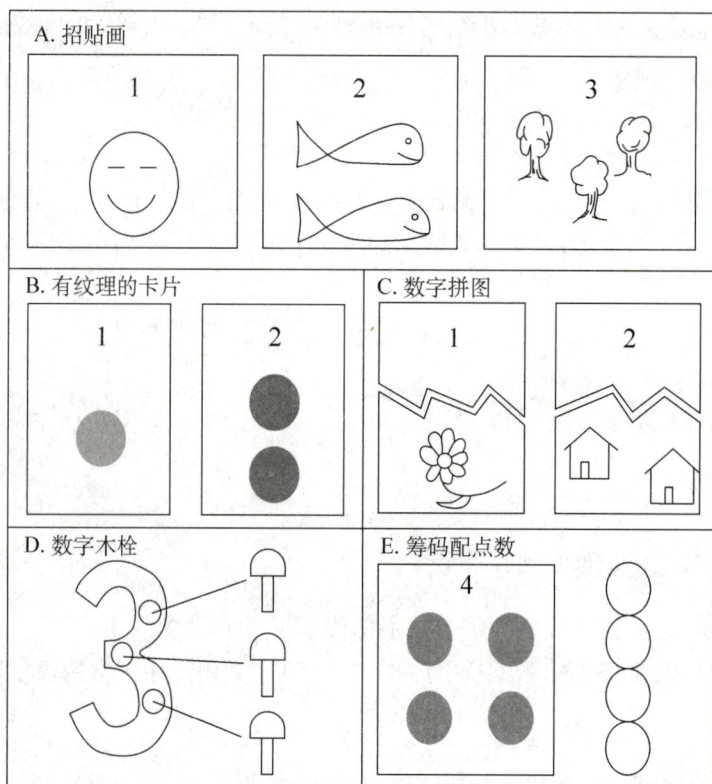

数字和一组物体的联系

图6-17

（2）教儿童认识数字字形。以下游戏可帮助幼儿认识数字:

① 拼数字:将每个数字剪成2~3片,幼儿将其拼成完整的数字。该操作活动能帮助幼儿记准字形。

② 数字歌①

1,2,3,4,5,我们都是好朋友,

6,7,8,9,10,一起来唱数字歌。

1,1,1,我是1,像只铅笔能写字;

2,2,2,我是2,像只小鸭嘎嘎叫;

3,3,3,我是3,像只小鸟飞得高;

4,4,4,我是4,像面小旗飘呀飘;

5,5,5,我是5,像个小钩能钓鱼;

---

① 黄谨.幼儿园数学教育活动设计[M].北京:高等教育出版社,2010:202.

6,6,6,我是6,像棵小芽快快长;

7,7,7,我是7,像把镰刀割青草;

8,8,8,我是8,像个葫芦藤上挂;

9,9,9,我是9,像只蝌蚪水里游;

左边1、右边0,走到一起就是10。

2. 书写数字

如果没有积累足够的学习基本数字概念的具体经验,花大量的时间练习写数字会使幼儿感到迷惑,而且幼儿也不感兴趣。日常生活中,儿童可能会问到怎么写自己的年龄、电话号码或地址,这时让他们练习写数字的非正式活动就产生了。喜欢写字的儿童可能喜欢模仿着写他们在周围环境中看到的数字,如钟表、日历上的数字,教师应该鼓励并适时地提供帮助。可以用砂纸制作(或买)一些数字卡片,儿童就可以通过触摸来感受数字的形状,体验书写数字的动作。要等到儿童的小肌肉协调能力发展起来之后,才能开展正式的书写课程。4岁半以后幼儿可以在大的纸上随意写数字,但是,在田字格里写数字要到大班。一旦教幼儿在田字格里书写数字,就要教幼儿怎样下笔和注意笔画顺序,并注意培养幼儿良好的书写姿势。幼儿写数字的量不要太多,时间不要太长,但要求幼儿数字要写得正确,方向要准确。

3. 数字在生活中的运用

周围生活无处不在的数字是让幼儿感知数字符号、了解数字意义的很好的情境和教材。对于中、大班的幼儿,在认识数字的时候,引导他们寻找生活中的数字及理解这些数字的作用是非常有意义的活动。可以让幼儿感受到数字的作用。

生活中不同场景下出现的数字代表不同的意思,一般分为基数和序数。如重量、营养成分量、价格等可归到基数类。有的表示物体的位置、时间等,可以归到序数类。还有一种情况,数字是指用于识别的名称或代码的数词,如电话号码、公共汽车号码、运动衣号码等。这些号码数字本身并没有数量上的大小,只是作为物体的代码。

教师可以让幼儿寻找生活中的数字,然后说一说这些数字有什么作用? 如钟表上的数字告诉我们时间,电梯上的数字告诉我们到第几层等。特别是要引导幼儿关注与自身联系的数字,如自己的身高、体重、家里的电话号码等,使幼儿认识到数字与生活、与个人的联系。教师可以设计并组织一些如"包装袋上的数字""我家的电话号码""生活中的数字"的活动,这对养成幼儿良好的观察习惯、主动探究思考的品质及提高幼儿的抽象思维能力都是非常有益的。

阅读材料　教育活动案例

有用的数字(大班)

一、活动目标

(1) 发现生活中的数字,初步了解数字的不同用途及与人们日常生活的密切关系。

(2) 关注生活环境中的数字,产生对数字的兴趣。

二、活动准备

(1) 与数字相关的物品照片(体重秤、电话、时钟、温度计)。

(2) 录像资料(超市、大街上、停车场)。

(3) 0~9数字卡片4套、与幼儿人数相等的"我的名片"。

三、活动过程

1. 找一找

幼儿根据胸前的数字牌找到相对应的座位。

教师:"今天小朋友们的胸前都佩戴了漂亮的数字牌,那么你的数字是几就找到标有相应数字的椅子"。

提问:"你是怎样找到自己的座位的?"

小结:小朋友根据数字找到了自己的座位,今天老师给小朋友带来了一些和数字有关的图片,请小朋友观看。

2. 看一看

观看实物照片中的数字,初步感知数字的用途。

(1)依次出示物品照片。提问:"这些东西上面你发现了什么?这些数字表示了什么意思?"

(2)幼儿相互说一说这些数字的用途。

3. 说一说

进一步加深幼儿对数字用途的理解。

(1)播放关于数字的有关场景,说一说数字有什么用途。

提问:"在这个地方看到的数字表示什么意思?"

(2)幼儿表达交流自己在生活中见到的数字及用途。

提问:"你还在什么地方见过数字?"

4. 做一做

体验数字与自身的联系。

(1)每位幼儿一张名片,上面有姓名、学号、电话号码几栏,幼儿填写相关数字信息。

(2)请幼儿说一说填写的结果。

四、活动延伸

布置数字墙饰,让幼儿继续在生活中寻找数字,将相关图片粘贴在墙上。

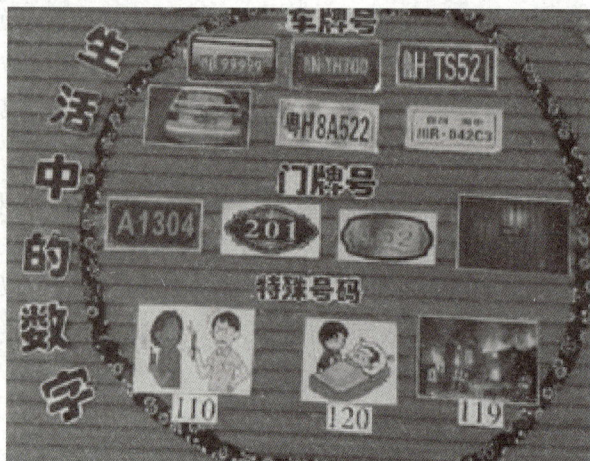

(活动设计者:河南省黄委会幼儿园,刘红)

思考与练习

1. 数数技能包括哪3个组成部分?

2. 正确数数的5个原则是什么?

3. 什么是口头数数?教幼儿口头数数的方法有哪些?

4. 帮助幼儿掌握一一对应的活动方式有哪些?

5. 什么是按群计数?

6. 什么是基数?判断幼儿真正理解基数的标志是什么?

7. 什么是序数?简述怎样教幼儿学习序数。

8. 什么是数的守恒?

9. 设计一个教中班幼儿认识7的基数含义的活动。

10. 什么是数序?

11. 简述数序教育内容与要求。

12. 有哪些让幼儿体验自然数列的等差关系的活动?

13. 设计一个教幼儿认识5以内数列的教学活动。

14. 什么是数的组成? 数组成中包含哪几种数量关系?

15. 设计一个学习4的组成的教学活动,要求让幼儿体验互换关系。

16. 在前运算阶段,幼儿应掌握哪6项数字符号技能?

17. 怎样教幼儿认读数字?

第七章

学前儿童 10 以内加减运算概念的发展与教育

学习目标

1. 了解儿童加减运算概念的发展特点。
2. 掌握儿童加减运算的教育内容及要求。
3. 会设计和组织儿童加减运算教育活动。

数的运算实际上是对数量关系的一种运用。学前儿童学习 10 以内数的加减运算,目的是使幼儿对日常生活中遇到的数量关系及其变化能有所感知和认识,并能初步运用加法和减法口头解答、解决游戏及生活中遇到的实际问题。

第一节 学前儿童 10 以内加减运算概念的发展

一、有关整数加减的基础知识[①]

1. 加法

加法是数学中的基本运算之一。最简单的是整数的加法,其基础是自然数的加法。对于自然数 a, b,如果在自然数列中从 a 起依次数 b 个数就得到数 c,则 a 加 b 等于 c,记作 $a + b = c$。c 称为自然数 a, b 的和,求两数和的运算称为加法。符号" $+$ "称为加号。加法运算的法则主要是交换律,即 $a + b = b + a$,加号前后的两个数互换位置,和不变。

对学前儿童来说,加法可以理解为是把两个数合并成一个数的运算,如 $2 + 2 = 4$ 用文氏图表示为图 7 − 1。

2. 减法

减法是数学中的基本运算之一,是加法的逆运算。最简单的是整数的减法。由已知两数 b, c 之和 a 与其中一个加数 b(或 c),求另一个加数 c(或 b)的方法,记为 $a − b = c$(或 $a − c = b$),其中,a 称为被减

---

① 王忠民.幼儿教育辞典[M].北京:中国大百科全书出版社,2004:716.

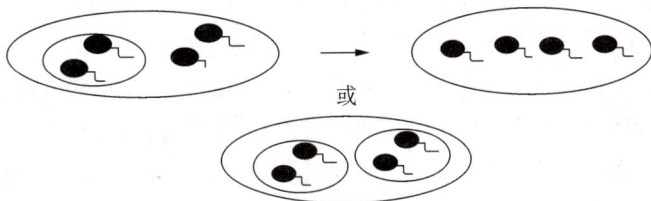

图 7-1

数。b(或 c)称为减数,运算结果 c(或 b)称为差,符号"$-$"称为减号。

对学前儿童来说,减法可以理解为是已知两个数的和与其中一个加数,求另一个加数的运算。如 $4-2=2$ 用文氏图表示为图 7-2。

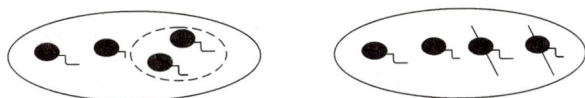

图 7-2

二、学前儿童加减运算概念的发展特点

1. 儿童加减运算概念发展具有阶段性

学前儿童对加减概念的理解始于对物体的持续量(如水、沙等)的增加和减少,然后发展到对物体的非持续量(单个物体)的增加和减少。在儿童掌握口头的数符号系统以前,他们就已表现出一种用于小的集合的非言语性数学运算的能力。非言语数学运算的活动即儿童在完成数学运算题时,不必用语言而是用摆放实物来提供答案。研究发现,儿童的这种能力在两岁左右出现,并在 3 岁以前得到较好发展。

儿童最初是在实物的水平上进行加减运算的。更高层次的加减运算能力从两个方面的发展反映出来:一是抽象的水平逐步提高,二是运算方法选择的灵活性增加。在大量实证研究的基础上,卡彭特和莫泽认为,儿童的加减运算能力的发展基本上遵循了这样几个阶段:

(1)抽象水平发展的第一阶段。儿童要完全依靠实物来演示题目中的行动或关系。儿童要用实物来再现题目中所提到的集合的数量以及数量的变化。在这一水平上所用的加法是把全部物体一一数一遍;与之类似的减法方法是把小的数量从大的数量中拿走,再把剩下来的物体数一下。

(2)抽象水平发展的第二阶段。儿童把外部直接演示的过程逐步内化。他们把注意力从物体转换到数词,认识到在加减运算时不一定要用实物,而是用数词本身就行了。如在加法中,他们认识到可以从第一个集合的基数词,如 5,开始继续向前数,数到把第二个集合的数量数完为止。在这一阶段,尽管儿童可能仍然要运用手指的帮助来运算,但手指在这里只是作为一种记忆的辅助性手段,用来帮助代表已经加了几个数词,并不是用手指来代表集合中的每个物体。儿童从完全用实物进行加减运算转换到用数词运算的方法,依赖于儿童的数数技能和基本的数概念的发展。如加法中从第一个集合的基数接着加数第二个集合的方法的运用,依赖于儿童对数数和基数概念之间关系的理解,并认识到一个加数具有双重角色,即它既是加数,同时又是总和中的一部分。数数技能涉及儿童能从任意一个数词开始数数的能力,对一个物体同时标上两个不同数词的能力以及在减法中的倒数的能力。研究认为,儿童所需要掌握的这些数数技能并非是一种机械的技能,它必须建立在一种来自于实物水平的概念性理解的基础上。也就是说,尽管儿童在运用数数方法时表现出来的抽象性及对数和加减概念的理解程度要比在实物水平上操作的理解程度要深刻,但这种理解必须是在最初的实物操作行动过程中形成的。

(3)抽象水平的第三阶段。儿童运用数的组合知识和口诀做加减题。有人发现儿童到小学以后还有 1/3 的人运用数数的方法来做加减题。但数数的方法用在数目较大的加减题目中效率很低,也很容易出错。因而在这一方法的基础上很快运用数的组合知识及口诀是很重要的。儿童在运用数数和数的组合知识及口诀的方法之间可能会有一个过渡阶段,即儿童有时会从已知的数的组合知识答案中派生出他所要的答案。如在计算 $5+6=11$ 时,儿童通过他已知的 $5+5=10$ 的结果知道只要在 10 后面加上

1就行了。研究表明,儿童一般到5岁左右就会运用数的组成进行加减运算。

当儿童从实物方法转换到更抽象的方法时,儿童在选择方法的灵活性方面也有改善。儿童开始认识到不同的策略方法的相同功能和特点,如加减法中儿童在选择方法上的灵活性并不是一下子就能反映到所有种类的题目上,如很多儿童不大喜欢在减法题目中用倒数的方法。

儿童解加减运算题的能力经历了一系列的发展过程,而这一发展是由儿童的表征能力所决定的。儿童的表征能力从开始的依赖于感知性实体发展到后来更加内化和抽象的实体。最初,儿童必须借助感知性实体,即实物的演示来进行,儿童在开始时只能解那些涉及具体事物的加减运算题。然后,他们慢慢地把实物和口头数数结合起来加以运用。再后来只用口头数数。大量研究表明,数数在儿童做加减运算题的能力中担任重要的角色,因为儿童最初不可能在抽象的水平上思考加减运算题。最后,儿童可以完全运用抽象的单位实体,开始用数的组合知识和口诀解加减题。也就是说,儿童能够运用数符号系统本身进行计算。

研究表明,大部分儿童都经历以上所说的几个发展阶段,但每个儿童在每一个阶段的发展水平可能不同,达到各阶段的年龄不同,各阶段的持续时间的长短也不一样。儿童加减运算能力的发展阶段给我们的教学提供了一个依据,教学所用的方法应和儿童的发展阶段一致,并在最大限度地运用儿童已有的丰富的非正式数学知识。

总之,学前儿童加减运算能力的发展,有一条很清晰的从具体到抽象的发展轨迹,而这其中的各个发展阶段是以相互交叉,而不是以一刀切的形式出现的。儿童在实物的增加和减少方面的生活经验和对数学符号的掌握这两方面因素的结合,使儿童有可能从实物的加减运算较为顺利地过渡到运用数数来进行运算。而对运用数数进行加减运算的熟练掌握,又为儿童运用数的组合或口诀的方法进行运算奠定了基础。

儿童在运用实物、数数或在运用数的组合或口诀的方法进行加减运算的发展阶段中,儿童都在自发地建构对加减运算的理解以及解决问题的方法。如在前面两个阶段中儿童都会出现从"全部数"到更为有效的"从一个加数接着数"的运算方法的自发转换;在运用数数进行运算的阶段中,儿童还会自发地建构"从大的加数接着数"的更好方法;在最后的阶段,儿童会主动地建构运用不同的数的组合方式来进行运算的方法。儿童在加减运算发展过程中出现的这种特点表明,教师在加减教育中的作用重点不在传授和示范解题的方法和过程,而了解每个儿童的发展状况,提供可以促进和启发儿童自己在每一个阶段进行建构的外部条件更为重要。

2. 儿童学习加减运算从解口头应用题开始

儿童最初学习简单的加减运算是从学解简单的数学口头应用题开始的,而不是从抽象的数字试题开始的。

应用题是根据日常生活、生产实践中的实际问题,以语言形式呈现的含有情节内容的数学问题。首先,故事或字词问题把运算和真实生活情境相结合是教学的核心要素,儿童正是通过此过程在头脑中建构整数运算的概念的。研究表明,儿童是在问题解决的过程中形成数学知识的,而不是孤立地学习这些知识然后再去单独运用这些知识。

口述应用题有助于儿童掌握与加减相关的术语本身具有的丰富意义,如"和""加上""取出""减去""多一个""少一个"等。在项链上增加一些珠子,在游戏中区分各种颜色的玩具硬币,或者把孩子们分成几个小组。儿童通过解决这些具有实际意义的问题把具体的物体模型与某些抽象的数字模式联系起来。例如,"多一个"就是与计数顺序中的下一个数字相联系,"少一个"则是与计数顺序中的前一个数字相联系。这时,儿童开始把这些计数模式等同于"加1"或"减1",建构了加减法与计数的联系。总之,口头应用题用语言描述了"真实生活"中的一些数量事件,给儿童提供了可以帮助他们理解加减运算的具体情境,而且这些情境都是儿童所熟悉的。

其次,像"往袋子里扔豆子而得分"的游戏这类真实的活动,或者像"红队再加入一个队员,会有多少人"这样的真实问题,会激发儿童积极、努力地寻找问题的答案。其他一些与教学实物有关的、人为设计的问题,或只用练习册上的彩色图片进行提问,则会使儿童感到困惑。而且这些问题也很难激发他们寻找答案的动机。儿童通常较在意那些他们认为具有特殊意义的事物或是生活中重要的事物。

过早地引入运算符号会给儿童造成学习上的困难。也就是说学习加减运算从介绍正式的算式开始会给儿童造成学习上的困难。

运算符号表示数量已经或将要以某种方式(＋、－、×、÷)被执行操作,或者被加以改变;关系符号表示了数量之间存在着某种关系(＝、<、>)。这些符号出现在算式中,则代表了一种运算,例如,2＋3＝5,2样东西和3样东西组合在一起的数量,与5样东西的数量是一样的;5＞2,5多于或大于2。

卡米和其他研究者发现,儿童经常使用到这些符号,但他们可能并不真正理解符号与实际的数量之间有什么关系。在学会将运算与符号联系起来,使用完整和规则的书面算式(例如,1＋5＝6,5－3＝2,6＞2,等等)之前,儿童应该借助于具体经验,学会在头脑中进行运算。

研究者建议,应该鼓励儿童发明他们自己的符号系统,并且把它们作为学习正式符号的桥梁。在真正理解符号所象征的意义之前,儿童需要联系组合和分解数量,并具体描述这些操作。仅仅在练习簿上填空或者能够在标准化的测试中写下答案,并不表示儿童就理解了算式的深层含义。

3. 儿童学习减法要难于加法

儿童学习加减运算时,先学会理解的是加法运算,学习减法要难于加法。原因如下:

(1) 受生活经验的影响。儿童在生活中遇到的累加的情境较多。例如,计数就是从小到大。

(2) 受运算方法的影响。儿童一般运用顺接数和倒数的方法计算。在进行加法运算的时候,可用顺着数的方法来解决,进行减法运算时,用倒着数的方法计算,儿童对此会感到困难。

(3) 减法的数群关系比较复杂。加法是把两个数群合并为一个新数,在第一加数与第二加数之间无须进行比较,仅在判断"和"的正确性才涉及3个数群的关系。减法开始就需要对被减数与减数两个数群进行比较,然后又涉及被减数、减数与差3个数群的关系。研究表明,儿童掌握数群之间的逆反关系要难于等量关系。因为减法是加法的逆运算,儿童用数的组成知识学习减法时,需具备两个数群关系的逆反能力,即将两个部分数合起来等于总数,转换成总数减去一个部分数,等于另一个部分数。其实在解决减法问题时,很多儿童运用的是加法而不是减法,如问儿童"小白兔一天共吃了8个萝卜,它上午吃了3个,下午吃了几个?"儿童回答:"5个,因为3和5和起来就是8。"可见,当加法转换成减法时,需要作一个逆转,因而儿童学习减法要难于加法。

三、学前儿童加减运算概念发展的年龄特点

4岁以前的儿童基本上不会加减运算。他们不懂加减的含义,更不会使用"＋""－""＝"等运算符号。也不会自己动手将实物分开或合拢进行加减运算。他们能解答一些与生活实际联系紧密的数量小的应用题。例如问幼儿:"妈妈给了你2个苹果,爸爸给了你2个苹果,你现在一共有几个苹果?"儿童马上回答4个。如问:"2加2等于几?"儿童大多不知怎么回答,而且对此类问题也不感兴趣。4岁以后,儿童能借助动作(如将实物合并或取走)进行加减运算。但这种加减运算不能离开具体的实物,而且运算的方法是逐一计数。

5岁以后的儿童计数能力有了很大提高,他们能够将学到的顺着数和倒着数的方法应用到加减运算中。多数儿童可以不用摆弄实物,只用眼睛注视物体而进行逐一的加减运算。这种加减方法是以第一组物体的总数为起点,开始逐一计数,直到数完第二组物体;或从被减数开始逐一倒数,数到要减去的数量为止,实际上采用的是顺接数和倒数的方法,还不是按数群加减运算。5岁半以后,随着儿童数群概念的发展,特别是在学习了数的组成以后,能运用数的组成的知识进行加减运算,达到按数群运算的程度。儿童加减运算方法的进步,实质上反映了儿童在加减运算中思维抽象性的发展。

第二节　学前儿童10以内加减运算的教育

学前儿童学习的10以内加减运算属于简单运算。简单运算是指用数字写成算式,让幼儿计算出答案。运算要靠抽象思维,对幼儿来说,属难度较高的数学活动。因此,教学前儿童学习运算,更需要借助具体的事物来帮助他们逐步掌握运算的技巧。

一、10以内加减运算的教育内容与要求

10以内加减运算是大班的教育内容。要求如下:

(1)解答简单的求和(求剩余)的口述应用题,理解加法、减法的含义,感知体验加减的互逆关系,认识运算符号及加减算式并知道算式表示的意义。

(2)学习自编10以内的加减应用题。

10以内的加减运算教育内容比较多,儿童需要经过一段时间的学习。具体编排教育内容时应注意:初学时加减应分开编排,即先让幼儿学习加法,然后再学习减法,以帮助儿童更好地理解加法及减法的含义。在幼儿有了一定的加减知识经验后,在学习比较大的数的加减时可以将加减教育内容混合进行编排,例如,学习6的加减时,同时学习加法和减法,使儿童体会加与减的互逆关系,发展幼儿的可逆性思维及思维的灵活性。对于得数是0的算式如($1-1=0,2-2=0,3-3=0$等),可集中在一、二次活动中学习,同时让幼儿理解0的含义。

二、10以内加法运算的教育方法与指导

加法运算教育可分为两大步骤:第一步是在引入运算符号之前,充分利用自然的和非正式的活动经验,让儿童熟悉数量以及数量之间的关系。给儿童提供游戏的机会以及需要解决的字词或故事问题,并且鼓励他们创编自己的问题,让儿童建构对加法非正式的理解。第二步在儿童能够理解加法的过程和类的包含的意义时,将符号与问题联系起来。通过做游戏和做那些需要用到加号与等号的活动,帮助儿童学习加号与等号的意义,让儿童会用数字和加法运算符号将符号与问题联系起来。

(一)认识加法的概念

加法概念的形成需要建立在这样的理解之上:加是把一组一组的物体放在一起,以找出一共有多少个物体。它还包括学习应用诸如"合计""总数"和"等于"等术语,以及运算符号($+$和$=$)——符号代表了这些术语,并且把这些数量和符号联结起来。在能够建立联结之前,儿童必须理解数量以及当数量被联结时会发生什么变化。可以遵循下列步骤进行教学。

1. "相加"的活动

用实物作示范,解释加法的概念,并让幼儿有机会反复进行"相加"的活动。最初的活动要让幼儿能够清楚地看到两个数量怎样合并,例如让幼儿两两合作,每人随意拿起不超过5粒塑料粒,各自点数,一听到老师发出"加"的指示,两人把手中的塑料放在一起,点出相加起来的塑料粒的数量后,向老师报告,并由教师检查。待幼儿熟悉怎样合并两个数量的活动后,可进行其他形式的"相加"活动。例如,全班围坐成一圈,中间放着若干数量的大积木(或类似的物品),由教师或小朋友发出口令:"加1(或2,3,4…)件积木。"每加一次便点数一下。又如,教师发给每个幼儿一盒大塑料粒之类的物品,并发出指示,让幼儿独自进行"相加"的活动。

2. "相加"的游戏

在《幼儿重新发明数学》(1985)一书中,作者描述了许多种游戏,它们能够支持幼儿加法概念的发展。以下是教学活动的案例。

> **案例1**　　　　　　　　　　**加法/双倍之战**
>
> 目标:学习4以内的加数的组合(例如$1+1,1+2$等)。
>
> 材料:背面图案不同的两副扑克牌。
>
> 活动:开始时使用4以内加数的扑克牌(A,2,3和4),两个儿童一起玩。首先从两副扑克牌中各拿出一些,把扑克牌面朝下摆成相邻的两摞,放在自己的面前。在不看扑克牌的情况下,同时从自己那堆扑克牌中翻开最上面的两张牌。每个人算出自己的两张扑克牌的总数。得到最高分数的儿童可以持有这4张扑克牌。

3. 表演"相加"的故事

对儿童来说,在真实的生活情境下进行运算可以激发他们的积极性,可以使他们注意到数学的实际

用途。可以让儿童利用周围的真实物体作为小道具来表演故事。例如,红红从图书角借了6本书,林林借了2本书。"他们一共借了多少本书?"小林和小红去了一趟图书角,并产生了书的总数的问题。

(二)认识"+"(加号)和"="(等号),学习列算式

过早地引入运算符号会给幼儿造成学习上的困难。什么时候向幼儿介绍运算符号呢? 当发现幼儿能够理解加法的过程和类的包含的意义时,就可以把数字符号与问题联系起来。

1. 认识"+"(加号)

理查德逊(Richardson)建议,在正式的教学中讲授符号与加法运算时,要从模仿等式的写法开始。例如,教师写下3只小鸡加上6只小鸡得到9只小鸡的另一种方法是: 3 + 6 = 9(3加上6等于9)。如可以组织下列活动:

案例2 **加法——在联系水平上使用符号[①]**

目标:儿童会用数字和加法运算符号将符号与问题联系起来。

材料:用于点数的物体和一个骰子。

活动过程:儿童轮流掷骰子,确定要相加多少。例如,掷出一个3,每个儿童点数3个筹码,然后教师在黑板上写下"3 +"。掷出一个5,儿童点数出5个筹码,加到3个筹码的那组去,然后教师写下"3 + 5"。

后续活动:分小组和教师共同操作后,就可以让儿童独立地操作问题了,在卡片上写下"2 + 3,4 + 6"等。教师观察儿童所做的事情,要求他们读出自己列的问题。

2. 认识"="(等号)

(1)帮助儿童理解"等号"的含义。儿童有时只把等号看作对后面将要出现的答案的暗示,而并没有把它理解成象征着等式两边的数量是相等的。建议教师可以使用天平来探索相等问题帮助儿童澄清概念。教师也可以让儿童先通过实物进行等量配对的活动,然后辅导他们从实物活动中转移到书面练习上。例如,可由教师先制作等量纸卡,并提供画出实物的剪贴画,幼儿可用这些等量卡和剪贴画进行列出等式的练习,如图7-3和7-4所示。

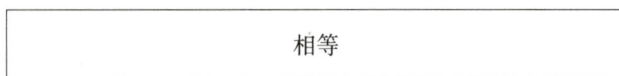

图7-3

图7-4

(2)认识"="(等号)。待幼儿理解了相等的概念后,便可以教他们认识"="(等号)这个符号,并让他们用"等号"代替等量卡中"相等"一词,如图7-5所示。

3. 借助实物图画列出等式

这一步骤主要是让幼儿明白加号和等号在算式中的作用,并比较形象地领悟到等号两边的量是相等的。教师应该让幼儿反复练习由数量2~10的组合算式,使他们有足够的时间去理解算式。例如,提

① [美]Rosalind Charlesworth Karen K. Lind 著,李雅静等译:幼儿数学与科学教育[M].北京:北京师范大学出版社,2011:307.

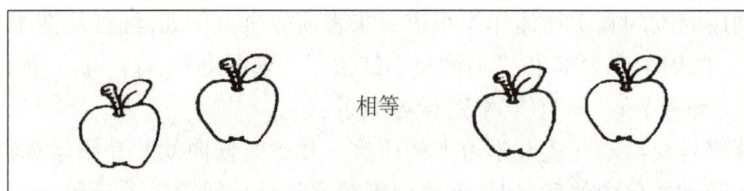

图7-5

供剪贴画,"＋"和"＝",让幼儿列出等式,如图7-6所示。

图7-6

4. 等式配对

让幼儿反复练习由数量2~10的组合算式,通过配对练习,使幼儿理解用数字写成的等式是怎样得来的,以此来加深他们对数字所代表的量的认识,如图7-7所示。

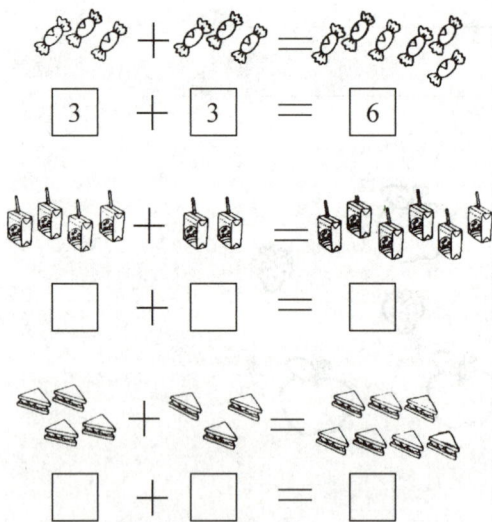

图7-7

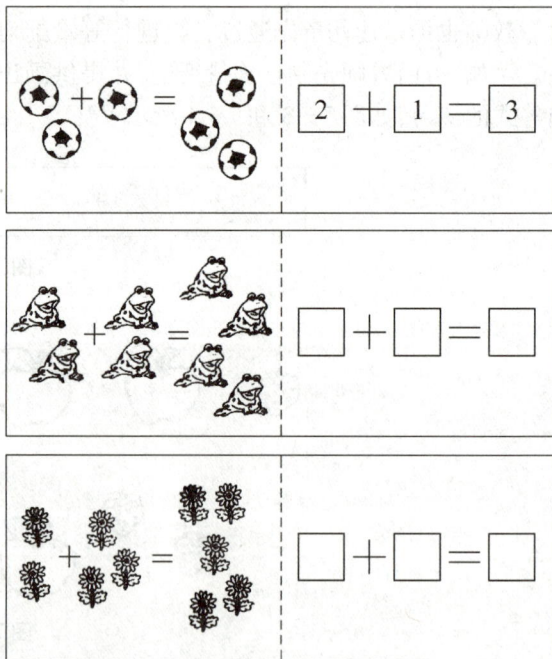

图7-8

5. 学习写算式

幼儿学习写算式这一步骤,可由教师先举出示例,然后让他们进行练习,如图7-8所示。

与上一步骤比较,不同的是数字算式不是在图画算式的下面。由于算式列在不同的位置,幼儿不能直接凭实物的量作配对,难度较大。但是这一步骤却是十分必要的,它可以帮助幼儿逐渐脱离用具体物品表达数量,转为以抽象符号数字来表示。

这一步骤更需反复练习。让幼儿加深对算式的理解,知道算式的来龙去脉,将有助于他们正确地进行运算。

（三）正式运算

通过学习上面几个步骤，幼儿对加法有了比较清楚的概念后就可以开始学习正式运算。切勿贪快而忽略了上述的步骤，因为幼儿只有概念清楚，以后学习数学才会感到既有趣又轻松，进步也会较快。

上述提到的每一个步骤，都有机会让幼儿运用已有的知识进行学习，尤其是配对、数量和数字概念方面的运用就更多，这既能巩固已有的知识，又能在已有的知识和技能上加以扩展。由于在每一个步骤中，都由幼儿自己去思考、去领会，这就使他们思维活跃，有助于提高他们的运算能力。当幼儿对数有了较清晰的概念后，他们采用什么方法去求得算式的答案，包括采用先前提及的心中默记一个数，然后数手指头的办法，也就无妨了。

三、10 以内减法运算的教育

减法运算概念的建立需要形成这样一种理解："减"包括把物体拿出来，找出还剩下多少，或者比较不同组的物体，找出它们的差额。它也包括，学习应用诸如"减法""差""等于"等术语，以及描述这些术语的运算符号（" - "和" = "）。它也包括在具体运算中利用符号来表征。与加法一样，在儿童在符号和符号之间建立关联之前，他们必须理解数量，并且知道当从组里取出一些东西或者对两组进行比较时会发生什么事情。

10 以内的减法运算，应待儿童熟悉了加法运算后才教给他们，不宜同时教，以避免产生混淆。其实，学习加法运算的过程中，幼儿所领悟到的和所运用过的技巧，同样适用于减法运算。只要加法运算掌握得好，学习减法运算便容易得多。

（一）认识减法的概念

正如加法一样，减法教学也始于自然的和非正式的经验，这些经验使儿童熟悉数量以及数量之间的关系。如果给儿童提供了游戏的机会以及需要解决的字词或故事问题，并且鼓励他们创编自己的问题，就可以引导他们构建自己对减法的理解。儿童既会加法又会减法时，可以让他们学习掌握决定该使用哪种运算的线索。

游戏"双倍之战"可以修改成减法游戏来玩，让抽到的两张扑克牌差额最大的玩家得到全部的 4 张扑克牌。与加法一样，从 4 以内的数字开始，当儿童熟悉游戏后，逐渐加入更大的数目。

当然，正如对加法而言，字词或故事问题在减法教学中也是必要的内容。问题应该设置在真实的生活背景下，并表演出来。例如，假设小林和小红从图书角借了 10 本书，通过要求儿童归还不同数量的书本到图书角，并得到每次还剩下多少本书。把儿童分在不同的组里。假设一个组有 5 个儿童，另一个组有 3 个儿童，那么哪组的儿童更多一些？多几个？我们是怎么知道的？

当儿童熟悉了教师设计的故事性问题后，就能够口述或者记录下自己的问题，儿童也可以口述或者记录下自己独创的问题，记录下或者口述解决的方法。下面是一个活动案例。

案例3　　　　　　　**减法——使用骰子或玻璃鱼缸创编减法问题**

目标：儿童能够创编自己的减法问题。

材料：一副骰子或者一个容器（玻璃鱼缸），里面装满剪成鱼形的小片纸板，纸板上写数字；另备诸如方块积木、薄片的物体。

活动：通过掷骰子或者捡起两条鱼，每个儿童得到两个数字，确定哪一个数字应该被减去。首先，他们要确定大一点的数字，并点数出相应数量的方块积木。接着，他们移走较小数目的方块积木。然后，儿童确定原来那堆里还剩下多少物品或者鱼，并告诉别人。

后续活动：一旦儿童能够用骰子或书面数字轻松地创编问题，就可以建议他们记录或者口述自己最喜欢的问题，画出或者口述解决办法。例如，某幼儿说："我家有 5 只小狗，被邻居和亲戚要走 4 只小狗。"然后他画出他的 5 只小狗，并在其中的 4 只小狗身上作了标记，他接着说："那么，我还剩下 1 只小狗。"

教师也可以利用图片帮助幼儿理解减法的概念,让幼儿看 3 幅图讲述应用题,如图 7-9 所示。

共有几只青蛙?

跳走了几只?

还有几只?

图 7-9

(二)介绍减号"-"

当发现儿童已经理解减法的过程时,就可以把数字符号与问题联系起来了。为了确定儿童是否真正理解了符号,可以使用与加法一样的方法。就是给儿童呈现几个筹码(5 个、6 个或 7 个),让他们说出有多少个筹码。然后藏起来一个或更多的筹码,要求儿童记录所做的事情。

正式的减法教学可以从模仿开始。把一个问题情境表演出来,然后解释有另外一种方法记录这些信息,在黑板上写下这些问题的等式。例如,用另外一种方式表示从 5 只小兔中抱走 3 只小兔,就是 5 - 3 = 2(5 减去 3 等于 2)。通过玩游戏和做那些需要使用减号和等号的活动,可以帮助儿童理解减号的意义。例如,可以尝试下列活动。

案例4　减法——在联系水平上使用符号[①]

目标:儿童会使用数字和减法运算符号将符号与问题联系起来。

材料:用于点数的筹码和两个骰子。

活动:儿童轮流掷骰子,确定哪一个数字应该被减去。首先,他们要确定大一点的数字,并点数出筹码的总数。接着,他们移走较小的数目的筹码。然后,儿童确定原来那堆里还剩下多少,例如,他们掷出 6 和 2,组成一个 6 个筹码的组合,教师写下"6 -"。接着,他们移走两个筹码,教师继续写下"6 - 2"。然后他们确定差为 4,教师完成等式"6 - 2 = 4"。

后续活动:在分小组与老师共同操作后,儿童就可以独立地操作问题了,他们在卡片上写下"5 - 1,3 - 2"等。他们也可以使用骰子或者从玻璃鱼缸中抽取数字来创编问题。当观察儿童操作时,可以停下来要求儿童把问题读给你听。

与加法一样,当儿童能够轻松地处理联系符号与问题的活动并使用减号时,就可以让他们试着自己写符号了。开始时,教师用符号把问题写出来,让儿童模仿。然后再进行独立操作。例如,让每个人挑出 6 个筹码。请他们注意,当取出不同的数目时,会出现什么类型的问题。在每个问题之后,取出一个新的由 6 个筹码组成的组,使问题可以得以比较。在黑板上写下每次取走的结果(例如,6 - 5 = 1),让儿童复写在一张纸上,并放到他们已经点数过的筹码的旁边。接着,让儿童独立操作,确定他们可以发现多少个减法问题,从不同总数的组合开始直到为 6。当他们能够轻松完成总数为 6 的问题时,让他们

① [美]Rosalind Charlesworth Karen K. Lind 著,李雅静等译. 幼儿数学科学教育[M]. 北京:北京师范大学出版社,2011:310.

继续做7以上数字的减法。

（三）借助具体物进行运算

由于幼儿在加法运算的练习中已经学会怎样写算式,因此,他们理解了减法的概念和"－"（减号）后,便可以开始学习减法的运算,但运算仍需借助图画帮助解决,如图7-10所示。

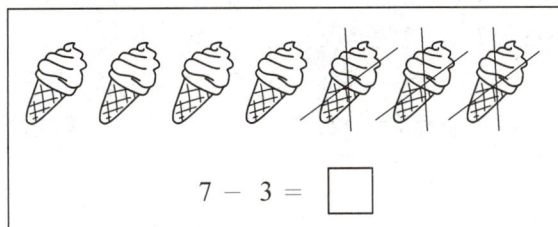

图7-10

图中"×"（也可以用其他方法）表示"减去"的意思,教师为了让幼儿完全明白"×"所代表的意思,可以先用如图7-11所示的剪贴画来帮助他们理解:先请幼儿数一数,同一幅画中共有几个水果? 有几个水果画有"×"? 并问幼儿如果画有"×"的被拿走还剩下几个? 最后让他们在"□"内填上适当的数字。

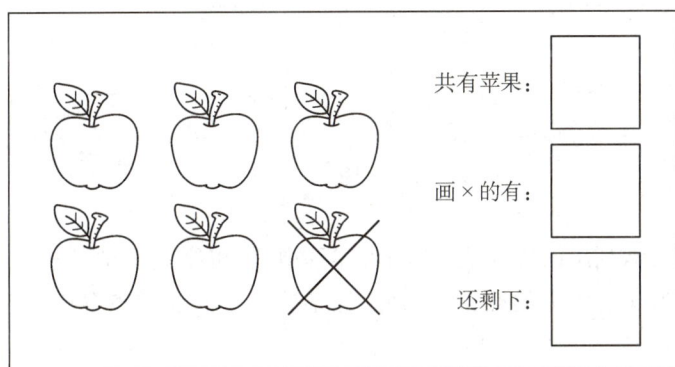

图7-11

（四）正式运算

幼儿借助图画理解减法的概念,经过反复练习,领悟到减法运算的概念,就可以进行正式运算了。

通过以上各个步骤让幼儿对减法的概念有所理解,是提高他们数学能力的教法。如果只是教他们机械运算方式,比如,让幼儿伸出10个手指,弯曲2个,剩下8个,即10减2得8,这种方式虽然快捷,但无法增进幼儿的理解力和思考力。当幼儿对运算的概念有了认识后,可以再用机械的方式来计算（包括数手指）。因为这个时候幼儿能够理解加法和减法的概念,用什么方法运算已不再成问题了。

总之,让幼儿学习运算,最重要的是要提高他们的理解力,通过连续的学习,使他们思维敏捷,思路有条理,而不单是为了寻求算式的答案。

四、加法和减法的互逆关系的教育

在幼儿掌握了加法和减法后,可以将加法和减法混合在一起教。通过学习,使幼儿积累加法、减法互逆关系的经验,发展幼儿思维的灵活性。可以通过设计"3个相关数列4道算式"的教学活动,帮助幼儿掌握规律。

案例5　　　　　　　　　**学习用3个数列4道算式**

目标:感知总数与部分数之间的包含关系,体验加法的交换规律和减法的互逆关系。

材料:红花、黄花图片（红花2朵,黄花3朵）。

过程:

1. 利用教具,教师口述应用题,幼儿列出式子计算

(1) 小红有 2 朵红花,小明有 3 朵黄花? 他们一共有几朵花?

(2) 小明有 3 朵黄花? 小红有 2 朵红花,他们一共有几朵花?

(3) 有 5 朵花,分给小红 2 朵,还剩几朵?

(4) 有 5 朵花,分给小明 3 朵,还剩几朵?

2. 引导幼儿观察算式 $2 + 3 = 5$,$3 + 2 = 5$,$5 - 2 = 3$,$5 - 3 = 2$

提问:这 4 道式子中都有哪些数字?(2,3,5),两个小的数是几和几?(2,3)一个大数是几?
(5),2,3 合起来是几?(5)

小结:3 个数、两个小的合起来是 1 个大的数,就能列出 4 道算式。

3. 提供列有 3 个数的作业单

如图 7-12 所示,让幼儿在作业单上尝试列出 4 道算式。

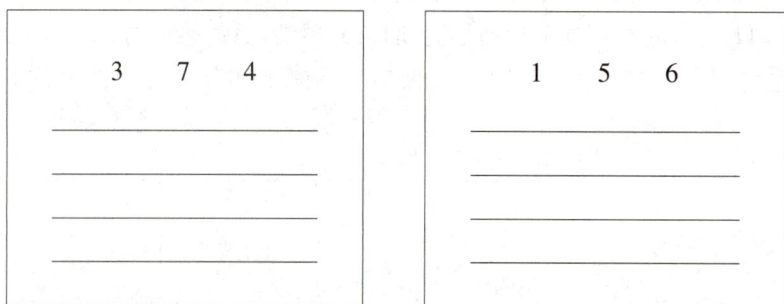

图 7-12

儿童能够用 3 个相关数列出四道算式,并能讲述理由,则可视其理解了加减中的数量关系,为将来学习更大的数的加减作好了思维上的准备。因此,在学前儿童的加减教育中,应重视数量关系的学习,重视幼儿思维能力的发展,不要一味追加内容。

五、学习编加减法应用题的教育

应用题源于生活,以幼儿熟悉的生活情境来表达数量关系和要求解答数量问题,这种寓加减于情景中的题目,与单纯由数字和符号组成的加减法试题有显著的不同。幼儿学习的应用题均为口述应用题。

1. 帮助儿童了解并掌握应用题的结构

应用题的结构包括具体情节和数量关系(含已知条件、需要解答的数量问题)。幼儿在学习加减运算的过程中经常听教师口述应用题,积累了相关经验,但是,幼儿对应用题的结构掌握起来还有一定困难。例如幼儿编题时会出现缺少已知数、不会将问题转换成反问句等情况。教师可以引导幼儿讨论应用题的结构。使幼儿明确:应用题要讲一件事情,要有两个数,这两个数说的是一样东西,最后还要提一个问题。

开始学编应用题时,应给幼儿提供一定的编应用题的条件,让幼儿练习编题。

(1) 提供事件和数量。例如,让幼儿看图编题、看情景表演(幼儿或教师表演)编题。图片和情景表演都含有事件和数量,幼儿只需按应用题的结构来描述就行。如图 7-13 所示,教师将加法应用题设计为 3 幅图,第一幅图表示的是事物原有的数量,第二幅图表示的是该数量的变化过程(增加),第三幅图表示的则是该事物变化后的数量,这幅图中直接地表现了问题的答案。幼儿通过独立地观察、讲述 3 幅图的内容,感知和理解应用题中的数量关系和应用题的结构。

(2) 提供事件。例如,要求幼儿编买东西的应用题,幼儿只需思考两个数就行。

(3) 提供数量。例如,要求幼儿根据一道算式编题。算式给出了已知数量,幼儿只需思考事件即可。

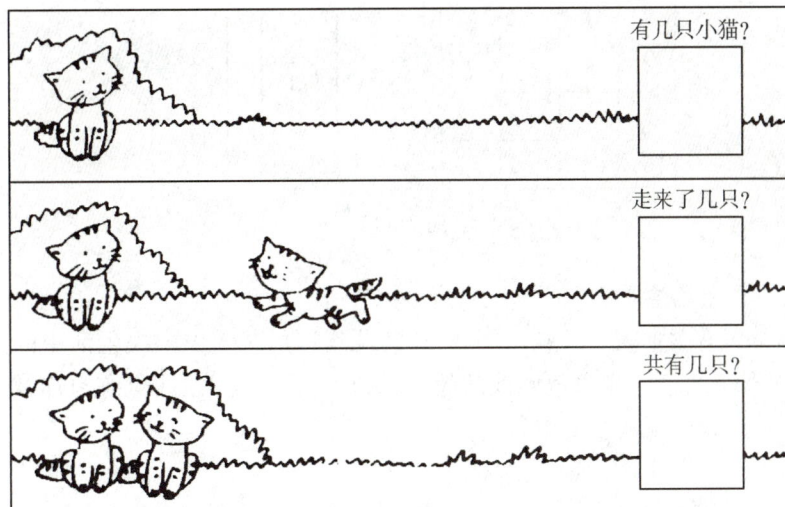

有几只小猫?

走来了几只?

共有几只?

图 7-13

2. 学习创造性编题

当幼儿掌握了应用题的结构并具有一定的编应用题的经验后可以让幼儿学习创造性编题。创造性编题即不提供编题的任何条件,让幼儿完全根据自己的生活经验和知识编题。幼儿非常喜欢这种形式,但是在编题时会出现所讲事件违背生活事实的情况,教师注意加以引导。

六、10 以内加减教育的注意事项

1. 采用多种形式,巩固加减运算

(1)数学游戏。加减运算的数学游戏形式多样,通过组织幼儿玩数学游戏巩固对加减运算的学习。

案例6　　　　　　　　　**"算式接龙"**

目的:练习 10 以内的加减运算。

准备:写有 10 以内算式的接龙卡片,如图 7-14 所示。

图 7-14

玩法:幼儿计算出卡片上式子的得数,然后将写有该得数的卡片接到式子后面,依次进行。游戏可以幼儿一人玩,也可以两人一起玩。

(2)书面练习。在加减运算的学习中,可以给幼儿设计形式多样的书面练习。常见的设计形式有"连线""填空""涂色"等,如图 7-15 所示。

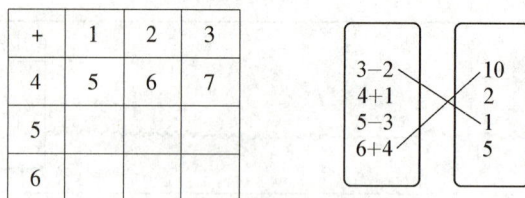

+	1	2	3
4	5	6	7
5			
6			

```
3-2          10
4+1           2
5-3           1
6+4           5
```

图 7-15

2. 在日常生活中和角色游戏中进行加减教育

在生活中,丰富儿童有关加减的经验。例如,让幼儿运用加减知识解决生活中的问题,教师提出与加减有关的问题启发幼儿思考。在角色游戏的超市、银行等主题中,让儿童练习加减运算。例如,将超市的货物贴上价格标签,幼儿玩购物游戏。

阅读材料　教学活动案例

案例 1　　　　　　　　　　　　　**草地上的小鸡**

一、活动目标

(1) 学习2,3的加法,认识加号、等号和加法算式,并理解其含义。

(2) 初步学习看图列算式并用恰当的语言讲述题意。

(3) 能认真观察并分析图意。

二、活动准备

材料:实物图(草地背景图、小鸡卡片若干)、磁铁数字1、2、+、=符号若干。

三、活动过程

1. 集体活动(出示实物图)

(1) 引导幼儿分析图意。第一幅,什么地方有谁?(草地上有一只小鸡),第二幅图怎么讲?(又来了一只小鸡),第三幅图谁会讲(一共有两只小鸡),谁会把3幅图连起来讲?

怎样把这件事记下来呢?草地上有一只鸡用数字几表示?又来一只鸡用数字几表示?合在一起的数量可以用哪个数字表示?(请幼儿回答,找出数字1,2和3贴上)

(2) 认识运算符号和加法算式。这件事可以列成一个加法算式来表示:加法有个运算符号,叫加号(出示加号)。加号像什么?(请幼儿回答)加号放在1和1的中间(反复强调),表示把1和1合起来,在算式里念作"加",出示符号"=",这叫等号,等号放在1+1的后面,在算式里读作"等于",表示等号两边的数量相等。

1+1=2的算式读法是:1加1等于2。这是加法算式。这道算式什么意思?一起说说看。

(3) 认读算式。

(4) 继续学习2+1=3(教法同上,关于符号名称等教师转化为提问让幼儿回答)。

2. 操作活动

(1) 每名幼儿一套小鸡卡片,请幼儿操作2,3的加法并用数字卡摆出算式。

(2) 请幼儿说一说算式的意思并读一读算式。

四、活动延伸

利用生活中的情境引导幼儿理解加法的含义。如幼儿户外活动玩球时,小组有6个人,先拿了4个球,还需要拿几个?

案例 2　　　　　　　　　　　　**学习 7 的加减法**

一、活动目标

(1) 根据图意,学习7的加减,进一步理解加减法含义的理解。

（2）初步理解加法、减法的互逆关系。

（3）能积极、灵活地思考问题。

二、活动准备

（1）经验准备：幼儿已学习了 6 以内的加法、减法。

（2）教具：幻灯片若干张、组图若干（如图 7 - 16 所示形式，可以设计成不同情节）。

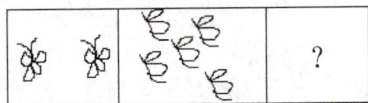

图 7 - 16

三、活动过程

1. 学习 7 的加减

（1）加法。教师打开幻灯和投影仪，提问："谁能用简短的话把这张图的意思说清楚"（图上 6 只小鸟，教师添上 1 只小鸟），再问："谁能用一道算式记录这件事"？请个别幼儿演示出 6 + 1 = 7。

提问：6 + 1 = 7 这道算式表示什么意思？

如果把 6 和 1 位置换一下，还能列出什么加法算式？（启发幼儿运用学过的加法交换的规律）

（2）减法。教师拉出一张幻灯片（飞走一只小鸟），问："谁能把这件事说一说？"幼儿答："树上有 7 只小鸟，飞走 1 只小鸟，树上还剩几只小鸟？""谁能列出算式？"请个别幼儿列出算式 7 - 1 = 6。

提问：这道算式表示什么意思？7 只鸟，如果飞走 6 只，算式怎样列？

（3）演示另一组幻灯片，学习 2 + 5 = 7，5 + 2 = 7，7 - 5 = 2，7 - 2 = 5。

（4）演示另一组幻灯片，学习 3 + 4 = 7，4 + 3 = 7，7 - 4 = 3，7 - 3 = 4。

2. 练习 7 的加减

（1）幼儿每人选一张组图，讲述每组图的意思，再列出算式，最后读一读算式。教师巡回指导，重点纠正幼儿讲述中的语病（如一共还剩等），建议幼儿边指图边讲述。帮助能力较差的儿童理解图意，学列算式。

（2）请幼儿到前面来讲一讲组图的意思和自己列的算式，相互交流。

四、活动延伸

将图片放在数学角，提供作业单，活动时幼儿继续练习看图列算式。

案例 3 　　　　　　　　　　**自编 10 以内加法应用题**

一、活动目标

（1）进一步理解应用题的结构，了解实际生活中事物之间的一些简单的数量关系。

（2）能积极动脑思考并解决问题。

二、活动准备

（1）经验准备：幼儿掌握 10 以内的加法算式。

（2）材料：绒布、图片若干张，每人一张小图片。

三、活动过程

1. 教师示范编题，使幼儿了解应用题的结构

（1）教师口述一道加法应用题："两只小兔到树林里去采蘑菇，白兔采了一篮蘑菇，灰兔采了两篮蘑菇，两只小兔一共采了几篮蘑菇？"

提问：用什么方法算的？你是怎样算出得数的？谁能照着老师说的样子再说一遍？"（请几名幼儿模仿教师的叙述，复述上述加法应用题）

提问：这道题讲了一件什么事？有哪两个数？是怎样问问题的？

小结：这道题叫加法应用题。

（2）出一道少一个已知数的加法应用题,进一步理解应用题结构。

提问:"这道题为什么没法计算?"引导幼儿分析题内的已知条件,明确应用题必须有两个已知数,才能算题。

总结编题方法:编题时想好一件事儿,要有两个已知数,最后要提一个问题,问题要问得清楚。

2. 请幼儿观察教师的动作,练习独立地口述应用题

教师先拿来3支铅笔,又拿来一支铅笔。教师拿两个红气球,3个黄气球。

3. 观察图片,练习编题

（1）请幼儿取出自己的一张小图片,观察上面的内容,根据图片内容编一道题。

（2）同组幼儿互相讲述、交流所编应用题。教师分组指导,就幼儿编题时存在的问题加以指导。

（3）请个别幼儿给全班讲述编的应用题。教师根据幼儿的编题情况,对幼儿编题的情节、数学语言的简练、如何提问等及时提出问题,引发幼儿讨论、交流。

四、活动延伸

在生活中,注意引导幼儿进行口述应用题的学习。

思考与练习

1. 从抽象水平看,儿童加减运算能力的发展可以分成哪几个阶段?
2. 为什么儿童学习减法要难于加法?
3. 加法运算教学需要遵循哪些步骤?
4. 什么是应用题? 简述怎样教儿童学习自编应用题。
5. 设计一个教儿童学习减法的教学活动。

第 八 章

学前儿童量概念的发展与教育

学习目标

1. 掌握有关量的概念。
2. 了解儿童量概念的发展及年龄特点。
3. 熟悉儿童量教育内容及要求。
4. 会设计与组织量概念的教育活动。

儿童在生活中接触各种各样的物体时,就感知到物体的大小、长短、轻重、高矮等属性。认识常见量是儿童数学教育的内容之一。通过量概念的教育,帮助儿童认识和区分周围物体,促进儿童感知觉和智力发展。

第一节　学前儿童量概念的发展

一、有关量的基础知识

1. 量的概念

量是指客观世界中事物或现象具有的可以定性区别或测定的属性,如长度、体积、重量、时间、温度等。

2. 量的计量

量的计量是把要测定的量同一个作为标准的同类量进行比较的过程。用来作为计量的标准的量叫做计量单位。如米是长度的计量单位。用一个计量单位去计量某一个量,结果得到这个量含有计量单位的若干倍,这个数值就叫做这个量的量数。

计量方法有直接计量和间接计量两种。直接计量指把要计量的量直接同计量单位进行比较而得出量数的方法。如用磅秤称人体的重量等。在幼儿园只涉及直接计量,儿童接触到的正式量具有温度计、尺子、天平等。学前期主要是让儿童学习自然测量,即利用各种自然物(小棍、绳子、纸条等)作计量单位对物体量进行直接计量。

二、儿童量概念的发展及年龄特点

1. 学前儿童感知量的发展过程①

(1)从明显差异到不明显差异。学前儿童对物体量的感知很早就开始了,2～3岁的儿童已对生活中许多物体量的特征有所感知和体验,但这种认识在早期仍带有很大的局限性,主要表现为缺乏分化和不精确。3岁左右儿童对量的明显差异能够感知和区分,能够在差异明显的变量中辨别区分出最大、最小、最长、最短的。随着年龄的增长,对差异不明显的量进行区分。

(2)从绝对到相对。儿童在感知、区别量的过程中还表现出一个重要的特点,即对量概念的理解缺乏相对性。如小年龄的儿童常常会说:"我的玩具最大。"只有当儿童在对两个物体的选择、比较、逐步过渡到3个或更多物体的比较时,才能逐步理解量的相对性。

(3)从模糊不精确到逐渐精确。儿童在生活中积累了关于物体大小和长短的不同经验,并能区分它们,但有时还不能用准确的词汇来表达它的意义。如3～4岁的儿童常常用大、小来代替长度等其他变量的准确名称,如把粗铅笔说成是大铅笔,把长毛巾说成大毛巾。儿童在量的词汇运用和表述方面体现为从不精确到逐步精确的发展特点。

2. 学前儿童感知量的年龄特点

3～4岁儿童一般已能感知物体的大小和长短差异,也能用相应的词汇来表示。但对于其他量的差异还不能认识,也不会用相应的词语来表示。他们对高矮、粗细、长短、宽窄等量的差异,都笼统地说成是大与小。这一时期的儿童对量的认识不具相对性。他们开始是把物体的大小看成是物体的绝对特征,而不是比较的结果,逐渐地才学会比较4个以内的物体的量。

4～5岁儿童感知量的精确性有了大的提高,能比较精确地区分出高矮、粗细、宽窄,厚薄,轻重并能用相应的词语表达这些量,能判断相等量,但缺乏对物体量守恒的认识。能按照递增或递减的顺序进行简单的量的排序,排序能力有了明显的发展,但数量多时还有一定的困难。实验证明,4岁儿童已有80%能完成3根小棍的排序,35%完成5根小棍的排序,但是对10根小棍的排序有较大困难。5岁儿童,能排3个物体的达到100%,能排5个物体的已达80%,10个物体的有55%能完成。这时儿童的排序还依赖于感知和尝试错误而不是运用逻辑关系认识量的关系。

5～6岁儿童能够正确地认识并用相应的词汇描绘物体量的各种特征,精确性有了较大的提高,对量的相对性有了较好的理解。他们逐渐在逻辑的基础上理解量的序列关系,包括可逆性、传递性、相对性。开始能够正确地排序,而且也不再受知觉范围的局限,有的还学会排序的策略。此年龄段儿童能够学习用工具测量,但测量还仅限于用简单工具的测量,而不是根据标准测量。儿童对于测量的方法技巧还难以掌握,要依赖教师的示范和指导,儿童独立、正确地完成测量任务还有许多困难。

第二节 学前儿童量概念的教育

一、量概念的教育内容与要求

1. 小班

(1)会用观察、比较的方法,区别大小和长短不同的物体,会正确运用"大小""长短"等词汇。

(2)能从4个大小或长短不相等的物体中找出并指出最大(最长)和最小(最短)的物体。

(3)能按物体量(大小、长短)的差异进行5以内物体的排序。

---

① 崔淑萍,梅纳新.学前儿童科学教育[M].海口:南方出版社,2004:207～208.

（4）能仿照简单的规律进行物体排序。

2．中班

（1）能区别并说出物体的粗细、厚薄、高矮、宽窄等,初步感知量的相对性。

（2）能从五六个大小（长短、高矮、粗细、厚薄等）不同的物体中找出等量的物体（其中两个是相同量）。

（3）能按物体量（粗细、厚薄、高矮、宽窄等）的差异和数量多少,进行 7 个物体的正逆排序。

（4）会按一定的规律排序。

3．大班

（1）能按物体量的差异和数量多少进行 10 以内物体的正逆排序,初步感知连续量之间的传递、双重、可逆关系。

（2）能创造规律进行排序。

（3）初步感知量的守恒,知道物体的外形、摆放位置等发生了变化,它的量不变。

（4）会用自然测量的方法,比较物体量的差异,能正确表达测量的结果。

二、量概念的教育

量概念的教育内容非常丰富,下面分别介绍其中几项主要内容的教育方法。

（一）比较物体大小、长短、粗细、高矮、厚薄、轻重的活动及指导

1．教儿童运用多种感官获得对量的感知体验

儿童通过多种感官感知物体量的特征。在比较物体的量时,让儿童通过视觉、触摸觉等感官的联合感知比较,来体验物体的大小、长度、重量等方面的特征。例如,让小班儿童比较两个球的大小时,除了让幼儿看一看之外,还可以让儿童抱（拿）球触摸,在这个过程中,儿童不仅观察到了球外形大小不同,而且感觉到球所占据的空间的不同。再如,比较厚薄、粗细时,也可以让儿童用手触摸获得粗或细、厚或薄的感觉。通过各种感觉之间建立起联系可以使儿童对量的认识更为明确和清晰。

2．教儿童掌握正确的比较方法

教儿童掌握重叠或并放的方法比较量。例如,儿童比较两本书的厚薄时,教师可以提出问题:"想什么办法可以知道它们的厚薄是不一样的?"让儿童说一说自己想到的办法并启发儿童将两本书叠放在一起或并放在一起,观察厚薄。再如,儿童操作比较小棒的长短时,应提醒儿童把下端或左端对齐,比较高矮时,被比较的物体要在一个水平面上。

3．鼓励儿童用语言描述比较结果

儿童比较量时,教师要鼓励儿童用相应的词汇如大、小、粗、细、厚、薄、宽、窄等描述比较结果。在描述结果时,对不同年龄幼儿的要求不同。例如,小班幼儿不理解"比"这个词,只要求说出如"红笔长、黄笔短"的比较结果即可。中、大班幼儿要用"比"这个词汇,说出如"丝巾比毛巾薄,毛巾比丝巾厚"的比较结果。此外,对于中、大班的儿童还可要求他们想出两样物体用相应的词汇描述出来。例如,学习比较宽窄时,让儿童想出两样东西比宽窄。有的儿童就会说:"我见过马路是宽的,幼儿园门口的路是窄的。"

4．引导儿童体验量的相对性

量具有相对性的特点,对于中班以上的儿童,应引导他们体验量的相对性。具体做法是通过对 3 个不同量的物体进行比较。例如,呈现 3 根不同长度的铅笔,请幼儿思考、讨论中间的一根是长是短。幼儿比较后发现红色的笔比黄色的笔长,红色的笔比蓝色的笔短,从而使幼儿逐步理解物体的量不是绝对的,是比较出来的。

（二）排序活动

排序是将两个以上物体,按某种特征上的差异或一定的规律排列成序。

1．数学活动中的排序形式

（1）按物体量的差异排序。按物体量的差异排序即按物体的大小、长短、高矮、粗细、厚薄、宽窄等

排序。例如,如图8-1所示,把物体按从窄到宽的顺序排列;反之,也可以将物体按从宽到窄的顺序排列。相对于前者,这可称为逆向排序。

（2）按数量多少、数字大小排序。例如图8-2所示排列。

（3）按一定规律排序。幼儿的学习内容涉及以下规律:

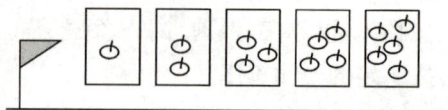
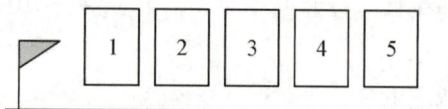

图8-2

图8-1

图8-3

图8-4

图8-5

① 重复式样(如 AB－AB, ABC－ABC, ABB－ABB)。例如图8-3所示排列。

② 滋长式样(如 AB－ABB－ABBB)。例如图8-4所示排列。

③ 变异式样(如 ABC－ABD－ABE)。例如图8-5所示排列。

2. 排序活动的意义

（1）排序有助于儿童理解抽象的数概念。排序是儿童理解数序的基础。儿童在排序时,通过操作摆放物体并调整位置,建构一个序列。在这个过程中,儿童体验到物体之间的差异性、传递性和双重性,逐步形成"序列化"的逻辑观念后,就能迁移到对数序的理解上。此外,排序活动能促进儿童可逆性、传递性和双重性思维能力的发展,这些思维能力正是儿童形成抽象数概念必须具备的。

（2）排序能发展儿童的观察、比较、判断、推理及逆向思维能力。排序是连续的比较,儿童在排序时,需要对几个物体进行观察,发现物体在某一特征上的差异及一定规律之后再进行排序,有助于培养儿童的观察能力。儿童在按物体量的差异排序时,把物体从小到大、从少到多或从大到小、从多到少反复排列,这种顺向、逆向序列的练习有助于儿童逆向思维能力的发展。儿童学习把物体按规律排序时,实际上是一种排列推理的练习,可以促进儿童判断、推理能力的发展。

3. 排序的教育方法

（1）教儿童按照物体的大小、长短、粗细、厚薄、宽窄等量的差异排序。按量的差异排序是建立在对量的比较的基础上,因此,按物体量的差异排序的重点在于比较。

案例1　　　　　　　　　　　　　　　**按粗细排序**

目标:比较纸卷的粗细,知道哪个粗,哪个细,将纸卷排序。

材料:粗细不同的纸卷5~6个,其中有两个是一样粗的。每个幼儿桌前贴有一条底线。

过程:(1)提出操作任务,将纸卷比一比,然后排一排。

（2）幼儿探索操作,教师巡回指导。

有的幼儿会取任意两个纸卷比较,在两两比较中,发现同一个纸卷一会儿是粗的,一会儿是细的;有的幼儿会将所有纸卷放在一起比较,在不断调整的过程中排序。

（3）请幼儿说一说自己是怎么排的。展示幼儿的两种排序方式(有的幼儿按从粗到细排,有的按从细到粗排)。

提问:这两种有什么不一样?

(4)请幼儿将两种方式都操作一遍。

从上述案例中,可以看到按量的差异排序的教育方法是:

① 确定难易适度的教育内容。小班学习按大小、长短排序且数量不超过 5 个;中班学习按粗细、高矮、数量多少等排序,大班学习按厚薄等排序且数量在 10 个以内。

② 让儿童在操作中建构序列。教师根据教育内容给儿童提供适宜的操作材料,例如,各种等差的实物或实物卡片、排序底版等,如图 8-6 所示。

排序底版方便儿童的操作。在底版标有底线及排序的方向标记。例如,给儿童提供长条形排序底版,如图 8-7 所示,要求儿童按从小到大排列西瓜图片。

③ 引导儿童感知物体序列中的可逆、双重、传递等逻辑关系。在量的序列中,存在互逆、双重、传递等逻辑关系,这是促进儿童思维发展的因素。在排序活动中,教师要提出相关问题引发儿童的思考和讨论。例如,中班儿童按长短把一组小棒正、逆排序后,教师提问:"你两次排的有什么不同?"让儿童说一说小棒可以从短到长排列,也可以从长到短排列(体验序列的可逆性)。再如,也可以指着一根小棒提出

图 8-6

图 8-7

"为什么放在这里"的问题,让幼儿说一说"这根小棒比前面的长又比后面的短"(体验双重性)。对大班的幼儿可以提出"你怎样知道黄棍比绿棍长?"的问题,让儿童体验量的传递性。

(2)教儿童按一定规律排序。按一定规律排序是排序的另外一种形式,也可称为模式排序。

① 确定适合儿童年龄的教育内容。小班学习简单的重复式样,中、大班学习难度大一些的滋长式样、变异式样。滋长式样涉及计数,难度大一些。变异式样涉及思维的发散,儿童较难理解和掌握,在大班可以学习。

② 由易到难、循序渐进地设计活动。学习有规律的排序有以下难易程度不同的方式。

a. 识别。请儿童观察一组物体的排列规律,说一说物体是怎样排列的。

b. 复制。给儿童提供一个按某种规律排列的范例,在识别的基础上让儿童模仿着排列出来。

c. 延伸。给儿童提供一个范例,让儿童按照范例的规律接着排列下去,例如图 8-8 所示排列。

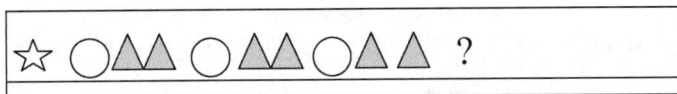

图 8-8

d. 填补。出示中间有空缺的一组物体,如图 8-9 所示,让儿童从中发现排序规律,并进行填空。这

种方式需要儿童有一定的判断、推理能力,难度比较大。

图8-9

e. 创造。儿童自己设计、创造某种排序规律。

③ 密切联系实际生活,帮助儿童理解规律排序。教儿童学习按规律排序时注意联系实际生活,从引导儿童观察环境中有规律排列的物品入手,这样有助于幼儿理解规律。让儿童操作时,也要创设情境。例如,让儿童用珠子穿一条漂亮的项链送给妈妈,装饰一条花边来美化幼儿园的环境。

④ 让儿童获得关于规律排序的多种体验。其一,动作式。例如,拍手—拍肩—拍手—拍肩—拍手—拍肩。其二,声音式。用乐器敲打或让幼儿模拟声音。例如,咚咚锵—咚咚锵—咚咚锵。

（三）感知体验量的守恒活动

体验量的守恒是大班量概念的一项教育内容。感知、体验量的守恒包括感知物体的长度、面积、体积、容积几方面的内容。通过感知量的守恒,培养幼儿的量的守恒的观念,以促进幼儿判断推理能力及思维灵活性的发展。

1. 通过量的变式让儿童获得量守恒的体验

变式指的是量的多变化形式,如图8-10所示。通过这种形式让幼儿理解量的守恒。

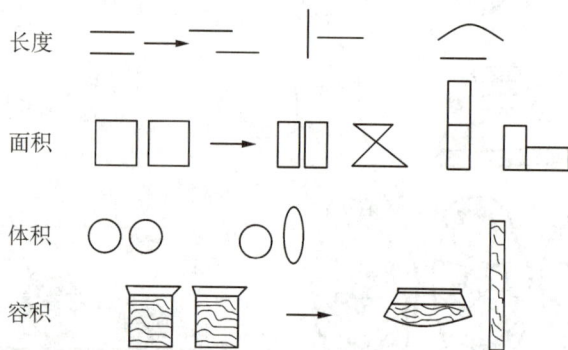

图8-10

案例2

一样大吗(5～6岁)

目的:体验体积守恒。

准备:同样大小的橡皮泥块每人1份。

过程:先让幼儿把橡皮泥搓成圆球,看一看、掂一掂后,确定两个泥球大小相同。然后让幼儿把其中一块儿泥做成饼。组织幼儿讨论饼用的泥和泥球用的泥是不是一样多？为什么？

运用变式让儿童体验量的守恒时要注意以下两点:

（1）确定等量。给儿童提供同等量的两份物体,引导儿童进行守恒判断。这样,当其中一份物体量的外部形式发生变化后,其原来的表现形式仍存在于另一份物体中,幼儿能直观地、有比较地看到这种变式,有利于做出判断。

（2）让持不同认识的儿童各自陈述理由。在上述案例中,有的儿童会认为一样多,有的儿童则认为不一样多。教师让其说一说自己的认识。然后再让儿童把泥搓成圆球再进行对比,在反复的操作中逐步理解量的守恒。

2. 通过比较和数数感知量的守恒

物体的量都可以用计量单位来测定。因此各种量的守恒可以用计数单位数量是否相等做判断。例如长度守恒,儿童可以计数两根小棒各占几个方格来判断它们是否相等,如图8-11所示。再如容积守恒,要确定一个细而高的瓶子里的水和一个粗而低的瓶子里的水是否一样多,让儿童用杯子测量不同瓶子里装的水,测量的结果都是 5 杯,就说明每个瓶子里装的水是一样多的。

图 8 - 11

（四）自然测量活动

1. 自然测量活动的意义

测量是认识量的手段。通过测量,可以加深幼儿对各种物体量的认识,加深幼儿对 10 以内数的理解。通过测量,幼儿运用数概念,体验把整体分解成部分及部分与部分置换的运算结构,建立测量单位体系的观念,为日后学习计量做好心理准备。

2. 儿童理解计量的心理准备

儿童理解掌握测量是比较困难的,其心理准备包括 3 个基础观念的形成。当儿童达到以下的认知水平,才能理解掌握计量方法。

（1）要能够很好地理解和运用数概念来表示物体的量;

（2）要有长度守恒和距离守恒的观念;

（3）要能理解计量就是把一个整体单位划分为许多相等的小单位。

3. 自然测量活动的指导

（1）引发儿童测量兴趣。在组织儿童进行测量活动时,注意结合生活中所遇到的测量问题,创设问题情境,引发儿童的测量兴趣。

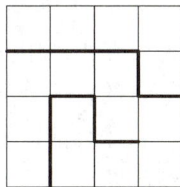

案例① 游戏时,李老师请亮亮和强强在教室的前方和后方用积木分别搭了一座亭子。在数学活动时,李老师问:"怎样才能知道两座亭子哪一座高哪一座矮呢?"幼儿纷纷想办法,红红说:"把两座亭子放在一起比。"但是发现这样容易把亭子弄倒;有的幼儿说用尺子量,有的幼儿说用铅笔、小棒量。

上述案例中,幼儿知道了测量的必要性。如果没有尺子,幼儿自然就会想到用自然物作量具。

（2）帮助儿童掌握测量技能。由于测量本身要求有一系列的操作,儿童开始掌握不住测量的方法、动作要领。如测量的始端、量具的移动、如何做记号及算出测量结果,而后还要重复测量加以验证。对这些关键性的技能教师要演示、讲解,使幼儿明确要求。例如,用小棒测量某个物体长度时,开始可以让儿童在被测量的物体上摆放量具,而后数一数有几个量具。这种方法直观一些,能帮助儿童掌握测量方法。然后,可以进一步让儿童学习移动量具作记号的测量方法,掌握测量长度的方法。

（3）学习记录、交流测量的结果。在自然测量时,应给儿童提供记录单,让儿童用数字、图画等方式把测量结果记录下来并相互交流。在这个过程中,幼儿会遇到一些问题,例如,用小棒测量桌子边时,往往会多出一点,多出这一点怎么记,要引发幼儿的思考和讨论,从而培养其认真求实的态度。

（4）引导儿童初步理解测量单位与测量结果之间的关系。在儿童掌握了测量方法后,可以为儿童提供不同的工具来测量同一物体。例如,用不同长短的小棍测量同一张桌子的边长。儿童测量后,教师提问:"为什么同样长的桌子边,用红棍和黄棍量出来的结果不一样?"经过讨论,儿童认识到:红棍长,量的次数少,黄棍短,量的次数多,促使儿童感知体验函数关系,发展儿童思维的灵活性。

三、量概念教育的注意事项

1. 给儿童创设一个丰富的可以进行比较的环境

在数学区角中,投放用于比较的材料、学具。例如套筒、套碗、各种等差的小棒、玩具、串珠供儿童操作;搜集不同大小的瓶子、盒子等废旧材料投放在数学区供儿童比较。

---

① 张慧和,张俊.幼儿园数学教育[M].北京:人民教育出版社,2004:270.

2. 在各种活动中渗透量概念的教育

在生活中注意引导儿童观察物体进行量的比较。例如,在日常生活中要求儿童把东西按大小、长短等量的特征分类整理,这样既培养了幼儿做事的条理性,又给儿童提供了进行量的比较的机会。

体育活动中儿童排队、游戏时,让儿童运用"高矮、快慢、远近"等量的概念和词汇。在语言活动中,组织儿童玩"说相反词"的游戏。例如,教师说大,儿童说小;教师说长,儿童说短;教师说宽,儿童说窄。

阅读材料　教育活动案例

案例1　　　　　　　　　**漂亮的花环(中班)**

一、活动目标

(1) 学习 ABB－ABB,ABC－ABC 的排序规律。

(2) 能观察发现物体的排列规律并能做出判断。

(3) 感受序列的规律美,体验操作活动的乐趣。

二、活动准备

(1) 奥运福娃、小狗、小猫、小鸡、小鸭等动物图片。

(2) 雪花插片两人一筐(雪花片大小、颜色不同)。

三、活动过程

1. 创设游戏情境,导入课题

教师:"森林里的动物要开运动会了,它们排着整齐的队伍就要进场了,小朋友,你们看一看谁来了?"

2. 观察物体的排列规律

(1) 观察 ABC－ABC 的排列规则。出示 3 组奥运福娃图片,提问:"它们是怎样排队的?"幼儿说出:是按照欢欢—迎迎—妮妮、欢欢—迎迎—妮妮、欢欢—迎迎—妮妮的顺序排队的。

提问:"接下来怎样排?"(请幼儿说一说并请个别幼儿到前面贴出一组图片)

(2) 观察 ABB－ABB 的排列规律

出示 3 组按 ABB 排列的小猫、小狗图片,提问:"它们是怎样排队的?"幼儿说出:按照小猫—小狗、小狗,小猫—小狗、小狗的顺序排列。

提问:"接下来怎样排?"

请幼儿按规律学小动物的叫声,如"喵—汪汪",体验 ABB 的规律。

3. 操作学习按规律排序

教师说:"请小朋友插出漂亮的花环送给得冠军的小动物。"

(1) 请幼儿观察雪花片(有大的,有小的,颜色不一样)。

(2) 请幼儿根据自己的想法插出有规律排列的花环。

(3) 欣赏、交流。请幼儿说一说自己的花环是按什么规律排列的。

四、活动延伸

在美工区、建构区投放材料,让幼儿设计有规律的花边图案,按某种规律进行搭建活动。

案例2　　　　　　　　　**我学测量(大班)**

一、活动目标

(1) 学习测量物体长度,初步掌握自然测量的方法。

(2) 会用自己的方式记录、表达猜想和测量的结果。

(3) 体验解决问题带来的快乐。

二、活动准备

1 米长的粗线、牙膏盒每人一份,每人一张记录表如下图。

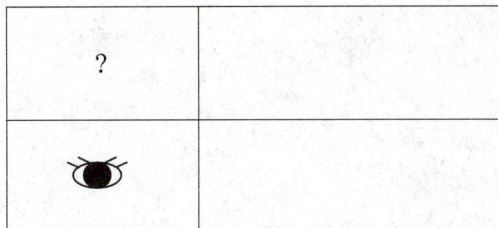

三、活动过程

1. 以"我和 1 米比高矮"为问题情景,导入课题

教师:小朋友,你们知道自己有多高吗?出示 1 米线让幼儿观察。

教师:小朋友都有 1 米多一些,今天我们就来测量 1 米线。

2. 猜想与记录

(1) 出示测量工具——牙膏盒,让幼儿猜想 1 米线有多少个牙膏盒长。

(2) 出示记录单让幼儿观察,讲解记录要求。

(3) 幼儿记录下自己的猜想结果。

(4) 请幼儿说一说自己的猜想结果。

3. 幼儿动手测量与记录

(1) 请幼儿两人一组,用牙膏盒测量 1 米线的长度。教师重点观察幼儿是怎样测量的、存在的问题,进行个别交流。

(2) 幼儿记录测量结果。

(3) 描述与汇总测量结果。

请幼儿介绍自己的测量结果。提问:"同样用牙膏盒量一样长的线,为什么量出的结果不一样?""测量时怎样能测量准确?"引导幼儿讨论,分析、明确比较准确的测量方法。

教师总结:测量时线一定要拉直放好。把牙膏盒的一端与线的一头对齐,做一个记号,每次量时和记号对齐。最后数一数记号有几个。

4. 第二次测量 1 米线的长度

幼儿用准确的方法再次测量 1 米线,并修改自己的记录。

展示记录单,请幼儿介绍记录单。

四、活动延伸

让幼儿选一个地方(活动室、走廊上的墙)比着 1 米线长画个 1 米长的标志,在日常生活中和 1 米线比高矮。

(活动设计者:河南省实验幼儿园,焦瑞)

思考与练习

1. 什么是量? 什么是自然测量?

2. 怎样教幼儿比较物体大小、长短、粗细、高矮、厚薄、轻重?

3. 什么是排序? 排序活动的意义是什么?

4. 简述怎样教幼儿按一定规律排序。

5. 儿童学习按一定规律排序,由易到难的几种方式是什么?

6. 简述怎样教幼儿学习按物体量的差异排序。

7. 简述怎样教幼儿学习自然测量。

8. 设计一个教中班幼儿按高矮排序的教学活动。

9. 设计一个教小班幼儿比较大小的教学活动。

第 九 章

学前儿童几何形体概念的发展与教育

学习目标

1. 掌握有关几何形体的概念。
2. 了解儿童几何形体概念的发展及年龄特点。
3. 掌握儿童几何形体的教育内容及要求。
4. 会设计与组织几何形体概念的教育活动。

第一节　学前儿童几何形体概念的发展

形体是物体的一种空间存在形式,几何形体是对客观物体形状的抽象和概括,是人们用来衡量物体形状的一种标准形式,包括平面图形和立体图形。儿童认识几何形体,能帮助他们对客观世界中的物体进行辨认,发展空间知觉能力和空间想象力及解决实际问题的能力,对于儿童空间概念的形成具有促进作用。

一、有关几何形体的基础知识

（1）平面图形。在同一平面内的点、线、面构成的图形。

（2）立体图形。点、线、面及其组合不全部在同一平面内的图形,又叫几何体。

二、学前儿童几何形体概念的发展和年龄特点[①]

1. 学前儿童几何形体概念的发展过程

在实际生活中,儿童接触到各种各样的物体,它们都有一定的形状,儿童积累了对几何形体的最初

---

① 崔淑萍,梅纳新.学前儿童科学教育[M].海口:南方出版社,2004:217～219.

的经验。现从以下几个方面对儿童认识几何形体概念的一般发展过程予以阐述。

（1）形体的感知与词的联系。儿童认识几何形体在心理上是对图形的知觉，属于空间知觉的范畴。儿童从感知几何形体的外部特征到能说出图形名称，经历了配对—指认—命名的过程。儿童认识几何形体的关键是掌握图形的名称。

（2）形体与实物形状的联系。国外有资料研究发现儿童对几何形体的认识与物体形状的联系这一过程是：几何形体与实物等同—几何形体与实物作比较—几何形体作为区分物体形状的标准。

儿童开始是把日常生活中的物体等同于几何形体，如年龄小的儿童把圆形叫太阳，把正方形叫手帕，长方体叫鱼缸，圆柱体叫管子。后在教育的影响下，不再把实物和图形等同起来，而是与图形作比较，如圆形像盘子，三角形像红领巾。最后，儿童把几何形体作为区分实物形状的标准。如盘子是圆形，皮球是球体等，或按照形体选出相应的物体。

（3）感知形体的方法。儿童认识物体的形状不仅是在视觉感知过程中实现的，同时也通过触摸的动作，并借助语言表达来实现。多种分析器的协同作用促使了儿童对物体形状更加准确的感知。关于对幼小儿童在感知物体形状时眼睛的转动的研究发现，3岁儿童感知几何形体只局限于匆忙的视觉运动。4岁儿童眼睛只注意到图形内部，好像只是观察它的大小。5~6岁儿童的视觉才开始注意对象最典型部分，眼睛逐渐形成沿着图形外部轮廓做运动，从而保证其对形状的确切感知。

在运用视觉感知物体形状的时候，儿童的触觉也在积极地参与。研究发现，3岁儿童手的动作更类似抓握，而不是抚摸。4岁儿童逐渐出现了手掌和手指前部表面的积极触摸运动，5~6岁儿童可用两手触摸物体，两手相向或两手分开运动，并开始用指尖触摸，获得对图形更完整的感知。

儿童在感知和辨认形状时，采用了不同的表征形式，既有动作的表征，又有形象和语言符号的表征。而手和眼的相互作用促使了儿童对物体形状的更准确的知觉。

（4）儿童认识几何形体的顺序。我国曾研究儿童辨别12种物体平面形状的能力，儿童掌握形状自易到难的顺序是圆形、正方形和三角形，然后认识长方形、半圆形、梯形、菱形等。儿童对立体图形的认识顺序是球形、圆柱体、正方体、长方体。儿童在认识立体图形时，易和平面图形相混淆。儿童对形体认识的难易顺序，与儿童的生活经验及教育有关，也和形体本身的复杂程度有关。

2. 学前儿童认识几何形体的年龄特点

3~4岁儿童能正确认识圆形、正方形和三角形，对和正方形区别比较明显的长方形也能认识。不仅表现在能够配对和指认上，而且能叫出名称，还能按照图形找出周围生活中相应的物品。此年龄段儿童对椭圆形、长方形、半圆形能够匹配，表现出很好的匹配能力。此年龄段儿童辨认图形时，不是从这些形状的特征来认识，而是将其和自己日常生活中熟悉的物体相对照，小班儿童会把圆形说成太阳，把三角形说成小旗，把正方形说成是手帕。

4~5岁儿童认识几何图形的能力有了进一步的发展，认识图形的兴趣也有极大地提高。有关研究认为，4岁是图形知觉的敏感期，扩展了认识图形的范围。能认识长方形、椭圆形、梯形、半圆形等，而且能理解平面图形的基本特征，如图形中边、角的数量并根据特征比较不同的图形。图形守恒能力有了进一步发展，能理解图形间简单的关系，如一个正方形可以分成两个长方形或4个小正方形，还可以分成两个大三角形、4个小三角形。在图形拼搭活动中表现出很高的积极性和一定的创造性。

5~6岁儿童能够理解一种图形的典型特征，并在头脑中形成某个图形的"标准样式"，能够根据图形的特征进行正确的判断。此年龄段儿童还开始认识一些基本的几何体，能正确命名并知道基本特征。能理解图形间复杂的组合关系。

第二节　学前儿童认识几何形体的教育

一、认识几何形体的教育内容与要求

1. 小班

能把圆形、三角形和正方形从具体物品中分离出来,说出名称;能够在周围环境中寻找和图形相似的物体。

2. 中班

(1) 能把长方形、椭圆形和梯形从具体物品中分离出来,说出名称,体验图形的基本特征(边、角等特征)。

(2) 学习不受颜色、大小、摆放位置的影响,正确辨认图形(图形守恒)。

(3) 初步感知平面图形间的简单关系。

3. 大班

(1) 辨认常见的几何体(球体、正方体、长方体、圆柱体),说出名称;从周围环境中找出与几何体相似的物体。

(2) 区分平面图形和立体图形,感知二者之间的关系。

(3) 把一个实物或图形二等分、四等分,初步理解等分的含义;体验等分中的包含关系(整体大于部分、部分小于整体)、等量关系(分成的部分相等)。

二、认识几何形体的教育方法与指导

(一) 认识平面图形和几何体的教育方法与指导

1. 教儿童在抽象的形体与实物之间建立双向联系

儿童对图形的认识,实际上是对图形的知觉。认识几何形体时,应借助幼儿熟悉的物品和玩具,在感知实物的基础上逐步概括形成有关图形的概念并明确图形的名称。在儿童明确了图形的名称之后,引导儿童寻找与几何形体相似的物体。经过这个过程,儿童叫出图形名称,就蕴含了一定的感性内容,而不是只记住了空洞的词汇。

案例1　　　　　　　　　　　　**认识"三角形"活动过程**

(1) 请幼儿观察准备的各种实物(其中有三角形的头巾、三角形的小旗、衣架等),说一说这些东西是什么形状的?

(2) 出示三角形卡片,使幼儿知道上述实物都是三角形的。

(3) 出示一张实物图,请幼儿找出图中三角形的物品。

上述活动从具体的实物入手帮助儿童形成三角形的概念。然后让儿童寻找相应的物品,从具体实物到抽象图形概念,从抽象图形概念再到具体实物,这是帮助儿童形成图形概念的基本方法。

2. 让儿童在观察、比较、操作中感知几何形体的特征

认识几何形体时,还要让幼儿获得对形体边、角特征的认识。儿童对图形特征的认识应是一个主动感知的过程。

(1) 运用视觉、触觉获得对图形特征的认识。引导幼儿观察、触摸图形的边、角、面等,使幼儿获得图形特征的感性经验。例如,认识长方形时,给每个幼儿发一个长方形卡片,让幼儿触摸面,体验平平的面;触摸长方形的边和角,获得对边和角的认识后,再数一数有几条边,几个角。

案例2　　　　　　　**"认识圆柱体"活动过程片段（5~6岁）**

（1）请幼儿拿出圆柱体积木,摸一摸,滚一滚,发现了什么?

（2）引导幼儿观察圆柱体积木上面是圆形、下面也是圆形。思考这两个圆形是否一样大。

（3）幼儿上下触摸圆柱体。思考圆柱体上下是否"一样粗"。

组织幼儿讨论并总结:像这样上面是圆形,下面是圆形,两个圆形一样大,中间一样粗的形体叫什么名字呢?（圆柱体）

在教幼儿认识几何形体特征时,注意让他们通过操作形成对图形特征的表象,避免让儿童记忆抽象的定义性语句。

（2）通过比较获得对图形特征的认识。

① 平面图形间比较。把两种相近的平面图形放在一起进行比较,能突出图形的特征,容易为儿童感知和掌握。将梯形和长方形比较、椭圆形和圆形比较、长方形和正方形比较,如图9-1所示。例如,认识梯形时,给幼儿发一个长方形和梯形卡片,将其叠放在一起,让幼儿说一说梯形和长方形的相同和不同。

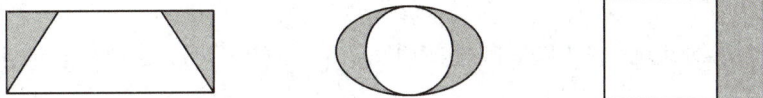

图9-1

② 立体图形和平面图形比较。认识立体图形时要和平面图形比较,让儿童体验平面图形和立体图形的不同和关系,发展儿童的空间想象力。例如,认识球体时,可以给每个幼儿提供一个圆片和一个小球,让幼儿玩一玩并说一说它们的不同。如小球摸起来鼓鼓的,圆片是平平的;小球从任何方向看都是圆圆的,圆片只有从一面看是圆的等。再如,认识正方体时,让幼儿观察正方体面的形状,获得正方体的6个面是正方形的认识。

3. 开展丰富多样的几何形体操作活动,巩固对几何形体的认识

关于几何形体的操作活动有很多,下面介绍常用的几种。

（1）平面图形的操作:

a. 拼补图形。给幼儿提供剪好的各种几何图形,让幼儿选择并拼合成完整图形,如图9-2所示。

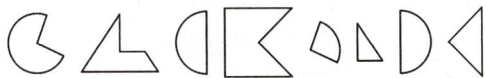

图9-2

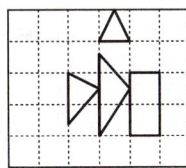

图9-3

b. 连点画图。提供画有点子的纸,让幼儿在上面按要求画出图形,发展幼儿的空间定位能力及空间想象力,如图9-3所示。

c. 用平面图形拼摆形象。给幼儿提供各种平面图形,让幼儿拼成各种物体的形象,说一说拼成了什么? 用了什么图形? 各用了几个? 这个活动能发展幼儿的想象力和创造力,如图9-4所示。

图9-4

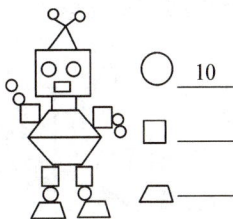

图9-5

d. 数图案中图形的数量。用几何图形拼成物体形象，让幼儿计数各种图形的数量。例如，如图9-5所示，拼机器人用了几个圆形、梯形及正方形？儿童辨认图形的同时练习了点数。

（2）几何体的操作：

a. 制作骰子。一块正方体小积木，6张不同颜色的正方形纸(和正方体的面一样大小)，让幼儿将它们粘在正方体每个面上并标上数字。

b. 制作盒子。给幼儿提供材料纸，观察并数一数上面的图形，然后折成小盒子，如图9-6所示。

c. 塑制几何体。用橡皮泥塑制几何体。在制作的过程中，幼儿能充分体验到形体特征。

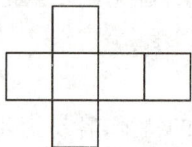

图9-6

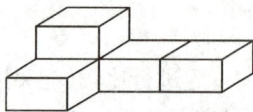

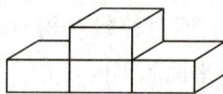

图9-7

d. 数几何体。让幼儿观察图片中的几何体，数一数有几个，如图9-7所示。指出并记录图中的造型用了几块积木。

e. 几何体拼搭。请幼儿玩积木(包括圆柱体、长方体、正方体等)，用积木搭建各种东西，体验形体特征。

（二）认识图形关系的教育方法与指导

认识图形间的简单关系是对已知图形的进一步认识，在活动中可以发展儿童的空间想象力、判断力、造型能力，同时也有助于培养儿童思维的灵活性。认识图形的关系包括平面图形的分割与拼合、实物与图形的等分等活动内容。

1. 平面图形的分割与拼合

认识平面图形的关系可以通过对图形的分割与拼合进行。分割指的是将一个平面图形分成两个或以上相同或不相同的小图形。拼合是指用两个或两个以上相同或不同的图形拼成一个大图形。

平面图形的分割与拼合在中、大班都可以开展。中班进行简单一些的拼合、分割；大班进行难度大一些的分割、拼合，如让儿童把一个平面图形分成更多的份数。

2. 实物与图形的等分

等分即把一个整体分成几个相等的部分。等分的份数越多，每一份越小。等分活动能使儿童获得整体大于部分，部分小于整体的感性经验，同时为儿童将来学习除法积累感性经验。

儿童学习的等分形式主要是二等分及四等分。等分的方法是折叠法和切割法。例如，等分绳子、纸张时要对折，等分饼、苹果时运用切割法，切割需要儿童有剪、切等技能。

进行等分活动时，给儿童提供实物或平面图形，让儿童进行探索性操作。例如，给儿童一张正方形纸，请幼儿思考怎样把图形分成一样大小的两张(或4张)？启发他们找出不同的等分方式。等分后要求幼儿比较分后的纸的大小，知道分后的图形一样大。活动中注意给儿童提供的纸的形状应是多种多样的(圆形、正方形、长方形、三角形、五角星形、心形)，不同形状的纸等分的难易程度不同。让儿童等分实物时可以提供绳子、纸条、橡皮泥块儿、小饼、苹果等材料供其操作。

当儿童理解了等分的含义后，可以让他们做一些练习，巩固对等分的理解。如下面的练习方式：

（1）涂色。让儿童把图形的一半涂成另一种颜色，观察一个图形的一半，体验等量关系，如图9-8所示。

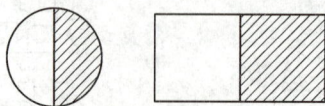

图9-8

（2）判断。如图9－9所示，哪些是二等分？

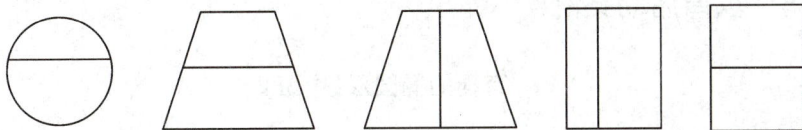

图9－9

（3）补图形。如图9－10所示，右边图形中少的是哪一块？

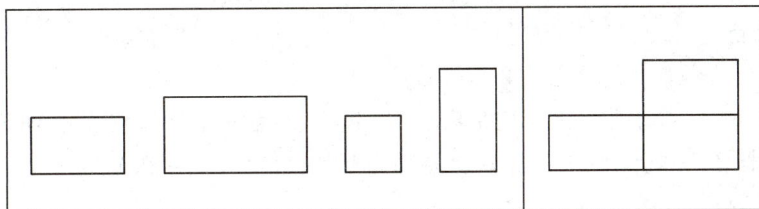

图9－10

三、认识几何形体教育的注意事项

1. 联系其他数学内容

认识几何形体与计数结合。认识几何形体时让幼儿数图形有几个角、几条边、几个面；儿童分割和拼合图形时，让幼儿数一数分割成了几个图形，拼合时用了几个什么图形。与认识空间方位的结合。例如，认识正方体时，让儿童说一说正方体的6个面分别是上面、下面、前面、后面、左面、右面。

2. 引导儿童区分面与体

在生活中单纯的平面图形的物体几乎是没有的，所以认识平面图形时，教师要选择接近平面的实物让幼儿观察。例如，认识圆形时选择一元硬币、小镜子等实物。另外，对于中、大班幼儿，教师在教育中应引导幼儿区分面和体。例如，当幼儿说电视机是长方形时，教师要让幼儿注意观察电视机的屏幕，强调指出电视机的屏幕是长方形。当幼儿说西瓜是椭圆形时，教师要强调指出西瓜的整体轮廓看起来像椭圆形。

3. 渗透图形守恒教育

儿童在认识几何形体时受知觉的影响。图形的大小、位置变化，会影响儿童对图形的辨认。儿童开始学习某一图形时，教师可以选择该图形的标准样式。例如，认识梯形时先选择等腰梯形，以后应让幼儿观察各种梯形，并摆放不同位置让儿童判断，如图9－11所示。另外，通过图形分类的活动帮助幼儿逐渐感知图形守恒。如让幼儿把大小、颜色不同的长方形放在一起，认识到都是长方形。

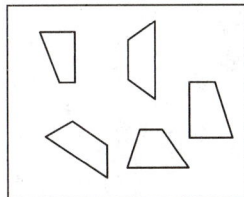

图9－11

4. 在各种活动中渗透几何形体的教育

在生活中，物体以不同的形状出现在幼儿面前。教师要引导幼儿感知、比较所接触物体的形状特征，并尝试识别和描述。例如，罐头瓶、奶粉桶是圆柱体；药盒、纸箱、饼干盒等是长方体或正方体；汤圆、肉丸是球体等。此外，可以和幼儿一起收集各种形体材料并放在数学区角，让他们和标准形体作比较，以提高幼儿对几何形体的感知水平。

在美术活动中渗透认识几何形体的教育。在折纸、剪贴、粘贴、泥塑、自制玩具等美术活动中，幼儿能感知到形体特征。例如，在剪贴、粘贴活动中，幼儿折叠、裁剪纸张，感受到图形的关系；泥工活动中，幼儿塑造出苹果等像球体的东西，也就感知了球体特征。

阅读材料　教育活动案例

案例1　　　　　　　　　　　　　有趣的椭圆形(中班)

一、活动目标

(1) 乐于动手操作,对认识图形活动产生兴趣。

(2) 在操作中体验椭圆形的基本特征,能寻找出椭圆形物品。

(3) 大胆想象,在抽象图形与具体实物之间建立双向联想。

二、活动准备

(1) 圆形、椭圆形卡通形象图片2张。

(2) 收集椭圆形、圆形物品若干(鸡蛋、香皂、镜子、小番茄等),布置在活动室一角。

(3) 圆形、椭圆形卡片(每人一套),画有椭圆形的画纸(每人一张)。

三、活动过程

1. 创设"图形宝宝做客"的游戏情境,导入课题

教师说:"图形宝宝来我们班做客了,谁来了?"(出示圆形、椭圆形卡通形象,引导幼儿叫出图形名称)

2. 运用操作法认识椭圆形的基本特征

(1) 幼儿触摸圆形、椭圆形的边和面,体验光滑的边和平平的面。

(2) 幼儿把圆形、椭圆形叠放在一起,发现其不同点。

提问:圆形和椭圆形有什么不同?

(3) 观察汽车图片,请幼儿想一想、说一说把轮胎换成椭圆形行不行?

3. 运用寻找法加深对椭圆形的认识

幼儿观察实物,把像椭圆形的物品找出来。

提问:你找到了什么? 它是什么(像什么)形状?

4. 椭圆形联想添画

(1) 幼儿观看"椭圆形宝宝变一变"的课件。出示一些形象,请幼儿观察椭圆形变成了什么?

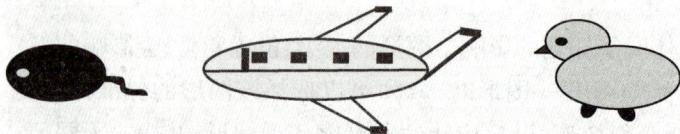

(2) 幼儿把画纸上的椭圆形添画成某一物品形象。

(3) 欣赏、交流。

提问:你画的是什么? 哪一部分是椭圆形?

四、活动延伸

在生活中引导幼儿寻找像椭圆形的物品。

(活动设计者:河南省实验幼儿园,焦瑞)

案例2　　　　　　　认识图形间的关系——帮小兔盖新房(中班)

一、活动目标

(1) 巩固对梯形的认识,能把三角形、长方形改成梯形,能用多种图形拼合梯形,体验图形间的关系。

(2) 乐于动手探索拼合梯形的方法。

(3) 学会正确使用剪刀、胶棒等学习用具。

二、活动准备

1. 经验准备

幼儿认识各种平面图形。

2. 材料准备

(1) 教具:画有小兔家房子的底版一幅、大三角形、长方形彩纸一张。

(2) 学具:每个幼儿两套小兔家房子的底版、一张长方形彩纸、每桌一个盒子(里面装有各种小平面图形)。

三、活动过程

1. 创设问题情境,引起幼儿操作兴趣

教师出示教具拼图底版并讲述:"小兔要盖一座新房子,已经盖好了墙,还缺这样一个房顶(指着梯形房顶请幼儿说出名称)。小兔家没有梯形的大瓦片,它只有这几种形状(出示三角形、长方形),请幼儿说出图形名称,小朋友有没有办法把这些形状改为梯形呢? 怎么改?"

2. 幼儿讨论交流把三角形图形改成梯形

(1) 幼儿说一说自己的想法。

(2) 请一名幼儿尝试用大家讨论的方法改大三角形为梯形。(教师将其贴在黑板的图中)

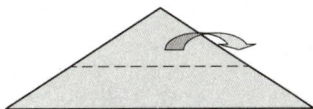

3. 全体幼儿操作改长方形为梯形

(1) 幼儿操作、探索,并将改好的长方形贴在小底版上。

(2) 展示个别幼儿的底版并请幼儿说一说长方形改梯形的方法。

4. 幼儿探索用小图形拼合梯形

(1) 教师出示小的图形片并讲述:"小兔家还有一些各种形状的'小瓦',有没有办法拼成梯形的'房顶'呢?"

(2) 让幼儿尝试用小图形拼合梯形,拼好后贴到另一套小底版的房顶位置。

(3) 展示幼儿的作品、分享交流。

将幼儿拼贴的梯形"房顶"展示出来,提问:"你拼梯形用了哪些图形? 数数有几个?"

对拼贴错误的"房顶"提出修改意见。

四、活动延伸

在数学角中投放各种平面图形,让幼儿继续进行拼合图形的活动。

(张慧和,张俊.幼儿园数学教育[M].北京:人民教育出版社,2004:253.有改)

案例3　　　　　　　　　　　　　**图形二等分(大班)**

一、活动目标

(1) 用对边折、对角折的方法把图形分成相等的两份,初步理解二等分的含义;获得整体大于部分,部分小于整体的认识。

(2) 乐于和同伴交流等分图形的方法,体验探索成功的快乐。

二、活动准备

(1) 教具:课件(图形等分及整体与部分的关系图)。

(2) 学具:圆形、等腰三角形、椭圆形和长方形卡片(每人一套)、小剪刀。

三、活动过程

1. 创设问题情境,引发操作兴趣

讲述故事《小熊分饼》:有一天,熊妈妈要出门去了,她给小熊哥俩烙了一张大圆饼当早餐。小熊哥俩睡醒后来吃早餐,熊弟弟说:"一张饼,我们两个怎么吃呢?"熊哥哥说:"当然分了吃,可要分得公平。"熊弟弟说:"对,要分得公平,你的不能比我的大。"

提出问题:小朋友,小熊请你们帮忙,你能帮它们分得公平吗?

2. 操作探索等分图形

(1) 等分圆形。请幼儿将圆形纸分成一样大的两份。

提问:你是怎样分的? 怎样证明你分的两份是一样大?

总结:一个圆片,分成了两个大小一样的半圆,这叫二等分。

(2) 等分其他几种图形。

① 提出操作要求。

教师:"老师给你们准备了各种图形,都有什么形状? 请小朋友想办法把它们分成一样大小的两份。"

② 幼儿操作,教师巡回指导。

③ 总结交流。

提问:你是怎样把三角形分成一样大小的两份,怎样证明分成的两份一样大? 还有谁用的方法和他不一样?

交流等分长方形、椭圆形的方法。

3. 理解整体与部分的关系

课件演示,请小朋友观察已分出的一半和原来的图形比,哪个大? 哪个小? 思考分出来的一份是原来的多少?

4. 拼一拼、摆一摆

请幼儿玩一玩手边的图形,自由拼摆造型。

四、活动延伸

将图形放在数学角供幼儿操作;在日常生活中注意让幼儿运用等分的方法分东西。

思考与练习

1. 简述学前儿童几何形体概念的一般发展过程。
2. 简述各年龄班认识几何形体的教育内容与要求。
3. 怎样教幼儿认识几何形体?
4. 认识几何形体教育的注意事项是什么?
5. 几何形体的操作有哪几种?
6. 什么是图形的分割与拼合? 大班幼儿学习的等分形式有哪两种?
7. 设计一个教幼儿认识梯形的教学活动。
8. 设计一个教幼儿认识圆柱体的教学活动。

第十章

学前儿童时间与空间概念的发展与教育

学习目标

1. 掌握有关时间和空间的概念。
2. 了解儿童时间与空间概念的发展及年龄特点。
3. 掌握儿童时间与空间概念的教育内容及要求。
4. 会设计与组织时间与空间概念的教育活动。

第一节 学前儿童时间概念的发展与教育

一、有关时间的基础知识

1. 时间概念[①]

时间与空间同为运动着的物质的存在形式,是物质运动、变化过程的持续性和顺序性的表现。时间是由过去、现在、将来所构成的连续不断的系统,也是客观存在的一种量。

2. 时间的特点

(1) 流动性(含连续性、周期性)。时间和物质的运动相联系,时间是连续不断地,均匀地流动着。时间永远不能也不会间断,它一分一秒流逝,且又一秒复一秒,一分复一分的交替更迭,日复一日,周而复始。

(2) 不可逆性。时间的流动是有方向的,即时光不可倒流。例如,今天 2 点钟这个时刻过去,人们再不能回到这个时刻。

(3) 无直观形象。时间不具有直观的形象,人们通过某种媒介来认识时间、测量时间。例如,通过自然界的周期现象,如太阳升落、昼夜的交替、季节的变化来感知时间。通过钟表、日历等工具测量

---

① 王忠民.幼儿教育辞典[M].北京:中国大百科全书出版社,2004:724.

时间。

3. 表示时间概念词汇的种类①

在日常生活中,我们经常用到时间概念的词汇。有表示时间次序(顺序)的,如先、后、以前、以后、再等;有表示时间阶段(单位)的,如秒、分、时、早上、中午、晚上,昨天、今天、明天、日、星期、月、年等。也有表示不确定时间阶段的,如有一天、有时、小时候、老早等,还有表示速度的,如快、慢。对幼儿进行时间教育主要要求幼儿掌握表示时间单位和速度的概念和词汇。

二、学前儿童时间概念的发展和年龄特点②

1. 学前儿童时间概念的发展过程

儿童认识时间是时间知觉问题,是客观事物运动和变化的延续性和顺序性在意识中的反映。因为时间具有抽象性,所以儿童掌握时间概念比较困难。了解儿童时间概念的发展规律及年龄特点,是对儿童进行时间教育的前提。

(1) 儿童对时间顺序的认知由近及远,由短周期向长周期发展。儿童最先认识的是一日之内 3 个较大的时间单位即早晨、中午、晚上,然后认识一周之内的时序,最后是对一年之内季节的认识。儿童对一天的时序较容易形成时间表象,原因是"一天"作为自然现象,包括从日出(天亮)到日落(天黑)这一完整的周期,这种自然现象的规律性变化,每日周而复始地进行着,而且早、中、晚都有明显的时间参照物。此外,从人体的生理过程节律来说,也是以一天 24 小时为周期来调节人的生命活动的,这种直接的生活经验,留给儿童的印象特别强烈。一周之内的时序如星期一、星期二、星期三等形成不了自然现象规律性变化,也没有明确的时间参照物,儿童认识起来就困难一些。季节周期比较长,虽然儿童知道小树发芽、燕子飞回是春天,秋天树叶变黄,冬天下雪等现象,但是对季节之间的变化顺序认知较晚。

(2) 先认知时序的固定性,然后认知时序的相对性。时序具有相对性,如今天晚上是在早上、中午之后,但是今天晚上比明天早上早。儿童开始是把时序看成孤立、静止和固定的。例如,儿童理解一日之内早晨、中午、晚上的时序之后,往往认为晚上总是在早上、中午之后,早上是第一,而不能理解一天的早上对于昨天晚上来说,又是第二的概念。随着儿童认知水平的不断发展,能逐步理解时序的相对性。

(3) 对时序的理解以自身的生活经验为时间的参照物。儿童对时序的理解必须与具体的事件、活动联系起来。如小班幼儿理解早上就是太阳出来了,爸爸、妈妈上班的时间。晚上就是天黑了,小朋友睡觉了。星期日是爸爸、妈妈不上班,小朋友不上幼儿园的时间。所以,生活活动、作息制度、日月运行、四季植物的变化是儿童认知时序的重要参照物。

(4) 时间词语的发展与对时序的认知呈现出从不同步到统一结合的变化过程。儿童言语中表示时间的词汇出现的既晚又少。调查发现,在 70 名 2～6 岁儿童所讲的 1313 句有修饰语的简单陈述句中,使用的时间词汇仅占 22%。3～4 岁的幼儿会说今天、明天、昨天等词汇,但是并不理解它们的含义。例如,一个 4 岁孩子说:"昨天我过生日了。"其实他的生日过去很久了。再如,某小班幼儿说:"今天就是明天了""冬天没有苍蝇,那明天会有吗?"这说明儿童对时间词语与时序认知不同步。随着年龄的增长,儿童理解了表示时间的词汇,进一步理解时间的相对性,最后达到词语与时序认知相统一的水平。

2. 学前儿童时间概念发展的年龄特点

3～4 岁儿童能掌握一些最初步的时间概念,能认识一天的主要组成部分如早上、晚上、白天、黑夜等,但对时间的理解往往和生活中的具体事情相联系。例如,一名刚 3 岁的幼儿晚上睡觉前洗澡时对妈妈说:"早上好。"妈妈说:"现在是晚上,应该说晚安。"该幼儿则说穿上睡衣才能说晚安。此年龄段儿童对较长时间单位如昨天、今天、明天还不能理解。

4～5 岁儿童已能较好理解早晨、晚上、白天、黑夜并能运用词汇。知道早晨、晚上、白天、黑夜是一天的 4 个部分,每天都有这 4 部分;逐渐能够认识昨天、今天、明天。知道昨天是过去的一天,明天还没到,

① 林嘉绥,李丹玲.学前儿童数学教育[M].北京:北京师范大学出版社,1994:266.
② 崔淑萍,梅纳新.学前儿童科学教育[M].海口:南方出版社,2001:226～227.

今天过去了就到明天。

5～6岁儿童的时间概念有了较大的发展,对时间的认识逐渐向更长、更短的时间段扩展。能理解较长间隔的时间单位,如能认识一星期有7天及每天的名称。初步建立起时间的周期性观念,知道一个星期结束了,下一个星期开始了,一个一个星期是连续不断周而复始的。儿童对四季也初步有所体验和感知。此年龄儿童能区分较小的时间单位。如会看时钟,能认识整点和半点。

三、学前儿童认识时间的教育

对儿童进行感知时间的教育可以促进其时间知觉的发展,有助于儿童建立初步的时间观念,以更好地适应日常生活。另外,儿童对时间顺序性、周期性等的理解,可加深儿童对次序关系、整体与部分的关系的认识,提高其思维的抽象水平。

(一)认识时间的教育内容与要求

(1)小班:知道早晨、晚上、白天、黑夜,并在日常生活中正确运用词汇。

(2)中班:

① 理解昨天、今天、明天的含义,知道它们之间的关系并在日常生活中正确运用词汇。

② 初步体验时间与事件顺序的关系。

(3)大班:

① 认识时钟,知道表示时间的单位,会看整点和半点。

② 认识日历,知道一周各日的名称及顺序。

③ 进一步了解时间与事件顺序的关系。

(二)认识时间的教育方法与指导

1. 在日常生活中渗透时间教育

儿童的时间概念是在生活中通过对时间关系的体验逐步发展起来的,所以,日常生活是认识时间的主要途径。

(1)在生活中和儿童进行关于时间的谈话。教师在生活中通过谈话让儿童感知体验时间,在谈话中注意运用相关时间词汇。谈话的形式有个别谈话、集体谈话等。

案例1[①] 中班的源源今天来幼儿园了,张老师说:"源源,你今天第一个来到幼儿园。"(源源高兴地笑了)

教师:昨天是星期天,你在家做了什么?

源源:昨天和妈妈出去玩了。

教师:买东西了吗?

源源:妈妈给我买了玩具。

教师:明天谁会第一个来呢?

源源:我(这时扬扬来了)。

教师:扬扬,今天源源第一个来到幼儿园,你是第二个来的。

教师与源源的晨间谈话中使用了较多表示时间的词汇,这将有助于儿童理解时间。

(2)在生活中培养儿童的时间感。在日常生活中,教师有意识对儿童提出完成任务的时间要求,以培养儿童的时间意识,发展时间感。例如,教师对儿童说:"给小朋友5分钟时间收拾玩具。"待时间到了后,教师说:"5分钟到了,请小朋友到外边排队。"教师还可以组织让幼儿体验时间的活动。例如,让幼儿在1分钟时间内比赛穿珠子,1分钟到后,看看谁穿得多。通过这些活动,加深儿童对时间的体验和感受。

---

① 崔淑萍、梅纳新.学前儿童科学教育[M].海口:南方出版社,2004:228.

（3）在常规活动、节日活动中认识时间。

① 记天气日志。在记天气日志的活动中,让儿童说一说今天是星期几? 一周时间结束后,让儿童通报本周的天气情况,说出星期几是什么样的天气。

案例2

记 录 天 气

目标:通过轮流值日加深幼儿对日期、星期,今天、明天的认识,以增进幼儿的时间概念并学习用标志、数字记录。

准备:幼儿每人一张"天气记录卡",如图10-1所示,彩色笔若干。

一周天气	晴天	阴天	雨天
星期一	星期二	星期三	星期四
星期五	星期六	星期日	

图 10-1

过程:

1. 介绍天气记录卡的内容及记录方法

在星期记录卡下面的格中,画天气情况标志;在晴天、阴天、雨天下面的小格子中用数字填写统计的一周天气情况。

2. 写写、画画

幼儿在各自的练习纸上以一周为准填写"天气记录卡",四周的空白处用自己喜欢的符号、花纹装饰。

延伸:将一张大的天气记录卡挂在教室墙上,以幼儿轮流值日的形式填写。

② 节日、生日倒计时。在活动室的日历上把当月中幼儿熟悉的节日、幼儿的生日标注出来。请幼儿说一说几月几号是什么节日、星期几,几月几号是谁的生日、星期几。在此基础上,进行节日倒计时,在每一天对节日的期盼中,加深幼儿对时间的认识。

③ 制作时间画册。对中、大班儿童,还可以让他们在自由绘画时把每天自己感受最深的事情画下来,写上日期,将画册按时间顺序装订并讲述交流。

2. 在游戏、其他领域活动中教儿童感知时间

1) 儿童通过游戏的内容、形式及扮演的角色等来感知时间。

（1）玩沙漏、水漏等玩具,使儿童体验感知不同东西流动的快慢。

（2）在体育游戏中,让儿童体验快、慢等速度特征。

（3）在数学游戏中巩固对时间的认识。

案例3

数学游戏"几点了"

目的:巩固对整点的认识。

准备:1~12的数字头饰。

玩法:12名幼儿戴上数字头饰围成一个圈。组织幼儿等距离站好,模拟钟表上的12个数字。另外两名幼儿站在圈中心,扮演时针和分针。教师报时间,如教师说:"早上9点整,小朋友该上课了。"扮演时针的幼儿要双臂合拢伸直,指向数字9,扮演分针的幼儿双臂合拢伸直,指向数字12。如指错,换人继续游戏。

2）在语言活动中丰富儿童时间词汇,帮助儿童理解时间的顺序性。在儿童看图书、给儿童讲故事时,教师要和幼儿讨论故事情节的发展顺序,突出时间的顺序性。通过对"先发生了什么事情""接着发生了什么事情""最后怎样了"的故事情节的描述,帮助幼儿理解时间和事件顺序的关系。

3. 通过教学活动教儿童认识时间

幼儿在生活中积累了关于时间的感性经验后,教师可以组织教学活动来整理、提升幼儿的经验。组织与指导教学活动应注意以下几点:

（1）教学中要密切联系儿童的经验及生活事件。例如,组织中班开展认识"昨天、今天、明天"的教学活动时,可以让幼儿说说昨天在幼儿园做了些什么? 今天做了些什么? 从幼儿熟悉和亲身经历的事件出发,帮助幼儿梳理生活事件的顺序,使儿童获得认识。

（2）教学中运用直观形象的图片,帮助幼儿认识时间。例如,请幼儿观看图片,说一说早晨、晚上、白天、黑夜都干了什么。需要注意的是,设计的图片内容要符合客观实际,符合幼儿的生活经验。

（3）通过操作活动加深儿童对时间的认识。

① 图片排序。教师给儿童提供事物发展、变化的图片（如植物的生长、人的生长过程图片等）,让儿童按照时间的顺序排列并描述事件发生的顺序。这个操作活动使幼儿理解图片之间的逻辑关系的同时也理解了事件发生的时间先后顺序。

案例4　请幼儿观察下列两组图片,如图10－2所示,然后按时间顺序编号。请幼儿说一说为什么这样编排。教师对时间与事件的关系进行小结:时间和动物、植物、人的生长过程有关系,按时间的顺序慢慢长大。时间和人们做一件事情的顺序有关系,先做什么,再做什么,后做什么。

图10－2

② 制作钟表。给幼儿提供制作钟表的材料,让幼儿制作钟表并拨着玩一玩。加深幼儿对整点、半点的认识。

总之,教师应利用多种途径、采取多种方法、手段对儿童进行认识时间的教育。

第二节　学前儿童空间概念的发展与教育

空间是客观物质存在的形式。狭义的空间概念即空间方位概念。而广义的空间概念,包括对各种空间变换关系的认识（如辨别物体在空间中的移位、翻转或旋转变化,还包括对大小和形状的认识）[①]。

一、有关空间方位的基础知识

1. 空间方位及辨别

客观物体在空间均占有一定的位置,并同周围的物体存在着空间上的相互位置关系,这就是物体的空间方位（或空间位置）。

空间方位的辨别指人们对客观物体在空间中所处位置关系的判断,用上下、里外、前后、左右等词汇表示。

2. 空间方位的基本特征

（1）相对性。上下、前后、左右是相对的概念,上对下而言,前对后而言。两个物体之间的空间位置也是相对的。例如,甲在乙的后面,乙就在甲的前面。

---

① 孙汀兰.学前儿童数学教育理论与实践[M].北京:科学出版社,2009:104.本节讨论的空间概念特指狭义的空间概念。

（2）可变性。正因为空间方位具有相对性的特点,也具有可变性。它随着参照物的位置或朝向的改变而改变。例如,甲站在乙的前面,如果乙移动了,那么甲可能就在乙的旁边了。

（3）连续性。空间方位的区域是连续的,即空间方位往往不是就一个点而言,而是指向一个区域。以前后和左右为例,前与左、前与右,后与左、后与右的区域是连续的,无法截然分开。

二、学前儿童初步空间概念的发展和年龄特点[①]

1. 学前儿童认识空间方位的发展过程

儿童的空间方位知觉是随着年龄的增长而逐步发展的,具有明显的年龄差异,在发展的过程中,体现出以下几个趋向:

（1）认识空间方位的顺序是由上下—前后—左右。国内心理学研究普遍认为,儿童认识空间方位的顺序是先上下、再前后,最后是左右。出现这种情况的原因,主要是方位本身的复杂程度决定的。虽然上下、前后、左右都是相对概念,但上下方位一般是以"天""地"为标准确定的,由此确定的人体的"头在上,脚在下"也不会改变,儿童容易辨别。前后和左右的方位是有方向性的,而且随定向者自身位置的改变而发生变化,儿童辨别比较困难。尤其辨别左右比前后更为困难。

（2）以自身为中心过渡到以客体为中心判断空间方位。人们在判断空间方位时,会采取两种参照系:以主体(自身)为参照,判断客体相对于主体的空间位置关系;以客体为参照,判断客体之间相互位置关系。儿童在辨别空间方位的过程中要经历以自身为中心逐步过渡到以客体为中心的定向过程。

儿童最初以自己的身体为参照系统认识空间方位关系。他们首先把不同的方向与自己本身的一定部位相联系:如上面是头,下面是手脚,前面是脸,后面是背,右手是右边,左手是左边,是以自己身体定向为出发点的。后再以自身为中心确定相对于自己的客体的位置,如:"我前面有黑板,后面有桌子。"这种判断实质上仍是以自身为中心的位置定向。然后儿童逐步过渡到以客体为中心确定空间位置,如:"桌子上面有书。"儿童以客体为中心辨别上下、前后容易些,但是辨别左右比较困难。这是因为儿童思维的自我中心状态,很难站在别人的立场考虑问题。

（3）认识空间方位的区域逐渐扩展。儿童开始只能够区分距离比较近的,正对着自己的前面、后面、左面、右面的物体的方位,对于方位偏斜的物体位置,不能做出判断。随着年龄的增长,能够区分主体的斜前方、斜后方以及偏左偏右物体的方位。

2. 学前儿童空间方位概念发展的年龄特点

3~4岁儿童能够辨别上下,开始学习辨别前后。但他们所能理解的空间概念是有限的,仅限于直接感知的范围内,如自己身体的部位,离自己不远的、正对自己的物体等,对于不是正对自己身体的物体,他们就不能正确辨别了。

4~5岁是儿童空间概念快速发展的时期。他们能够辨别前后,而且开始学习以自身为中心辨别左右,能够辨别离自己身体比较远的物体和稍微偏离上下、前后、左右方向的物体的方位。

5~6岁儿童能够正确辨别上下、前后、左右,他们能把空间分开两个区域,或左和右,或前和后;还能把一个区域分成两个部分,如把前面分成前面的左边和前面的右边。但是,儿童还不能完全做到以自身为中心辨别左右,以客体为中心辨别左右更是困难。因为儿童心理发展研究表明,在辨别以客体为中心的左右时,儿童必须首先在自己头脑里将身体进行180度的转弯,想象着自己站在客体的位置上才能确定出哪边是左,哪边是右,这对儿童来说难度很大。

三、学前儿童初步空间方位概念的教育

1. 空间方位概念的教育内容与要求

（1）小班:

①区分、说出以自身为中心的上下方位,包括自己身体部位的上下位置,在自己上面的物体,在自己

① 崔淑萍,梅纳新.学前儿童科学教育[M].海口:南方出版社,2004:230~231.

下面的物体。

② 学习判断两个物体之间的明显的上下关系,能用语言表述。

(2) 中班:

① 区分并说出以客体为中心的物体间的上下、前后、里外的空间方位。

② 会按指定的方向(向上、向下或向前、向后)运动。

(3) 大班:

① 学习以自身为中心区分左右方位(区分自己左、右手,自己与物体的左右方位、物体与物体的左右方位)。

② 会向左、向右方向运动。

2. 空间方位概念的教育方法与指导

(1) 帮助儿童学习并理解方位词的意义。正确理解和运用方位词是认识空间方位关系的基础和前提,在认识空间方位的活动中注意鼓励儿童用相应的语言来表达空间方位。例如认识上下,教师请儿童想一想自己的上面有什么? 让儿童摇摇头,以获得对这些部位的感知,使词的获得建立在直接感知的基础上,突出"上面"这个词。在每次活动中通过提问让儿童描述自己对空间方位的感知体验,学习相应的方位词。教师在和儿童的谈话中,可以有意使用方位词,如教师看到儿童在做东西,于是就说:"你刚才把一个小旗插在小人的左手了",使儿童意识到他正在进行与空间活动有关的事情。

(2) 让儿童在活动中探索空间位置关系。儿童对空间方位的感知、理解,需要通过实际的尝试与体验获得。

案例1　请一部分幼儿坐在小椅子上,一部分幼儿躲在桌子下,让幼儿讲出自己的位置,如:我坐在椅子上,我躲在桌子下面。幼儿交换位置后,鼓励幼儿描述:我现在在桌子下,我现在坐在椅子上。

案例2　出示挂图,如图10-3所示(动物卡片可以取放),请幼儿将小动物放在指定的位置,如教师说:"请将小猴放在树上面。"幼儿操作后,请幼儿说一说动物的位置。

图10-3

教师要充分利用儿童的身体动作,如教师指令:"把皮球举过头顶,用脚踩住皮球等。"总之,一定要以儿童在实际空间中的移动、观看,体验空间感。

(3) 鼓励儿童观察、预测和描述物体的空间位置关系,善于引导儿童的冲突和讨论、教师的讲解只能让儿童理解方位词的意义,而不能让儿童真正获得空间方位的概念,更不能发展儿童思维的相对性。因此,儿童对空间概念的理解从根本上还是他们对物体之间关系主动探索的结果,是他们克服自我为中心、并学习从别人的立场上思考问题的结果。

案例3　请两个幼儿面对面,侧面向着大家,听指令做动作:伸出右腿或举起右手。两人动作不同时让幼儿讨论到底谁对? 为什么?

全体幼儿面对面站成两排,一个对一个,听指令做动作。两人交换位置,做同样的动作。

教师小结:我们会按自己身体区别左右,有时还要学习按别人的身体区别,比如老师面对你们,你们叫我举左手,我该举哪边的手呢?

(4) 在生活、游戏和其他领域的活动中,丰富儿童空间方位识别经验。儿童认识空间和在空间定向需要一个复杂而长时间的过程,对空间方位的辨别不是通过一、二次教学活动就能学会的。教师要利用儿童实际生活的情景,在生活中让儿童观察、描述空间方位。以促进儿童识别空间方位能力的发展、提高。如在户外活动时,教师引导儿童看看天空中有什么、地上有什么、树前面有什么、树后面有什么,小班在幼儿园的什么位置、中班在幼儿园的什么位置。教师要利用各种机会和儿童共同体验不同情况下的上下、前后、左右等空间方位。在搭积木、拼插等建筑游戏中、在活动性游戏中使儿童获得对空间方位的感觉。在体育、音乐、舞蹈活动中,引导儿童感受空间方位和运动方向。

阅读材料   教育案例

案例1　　　　　　　　　　**我会看整点(大班)**

一、活动目标

(1) 知道时针、分针的名称及相互关系,了解时钟的用途。初步认识整点,能说出整点时间。

(2) 在活动中,能认真观察,按要求进行操作。

二、活动准备

(1) 较大的时钟一个、时间图片若干(如早上6点起床,中午12点吃饭)。

(2) 每人一只玩具钟。

三、活动过程

1. 出示钟表,导入课题

教师:今天我带来了一只时钟,时钟有什么作用?

2. 请幼儿观察钟面,认识钟表的结构

提问:钟面上有什么?数字怎样排列?指针有几根?它们的名称是什么?

小结:钟面上1~12的数字排成一圈,长针叫分针,短针叫时针。数字及分针、时针的作用是指示时间。

3. 演示、讲解时针与分针的运行方法,相互关系及所代表时间

(1) 教师把时针、分针都拨到12后,边拨时钟边请幼儿观察并提问:"时钟走起来的时候,时针、分针往哪边走?"(时针分针都是顺着1,2,3,4…的顺序走)"时针走得快,还是分针走得快?"(时针慢慢地走,分针快快地走,时针走了一个数字,从12走到1,分针走了1圈,从12回到12,就是1小时)

(2) 学习看整点。给幼儿讲解分针走到12,时针指着1,此时就是1点整。再演示几个整点时间,让幼儿判断(如2点整、3点整等)。

4. 利用时钟模型操作练习,认识整点

(1) 分别请数名幼儿拨出6:00,7:00,8:00,9:00,10:00。说出时针指着几、分针指着几、是几点整。

小结:分针指着12,时针指着几,就是几点整。

(2) 出示几张时间图片,先请幼儿说出画面所指的是几点钟,小朋友在做什么,然后在时钟模型上拨出这个时间。

教师检查幼儿的操作情况并讲评。

四、活动延伸

在数学角投放练习整点的记录卡(幼儿看钟表写时间或根据时间画出分针、时针的位置)。

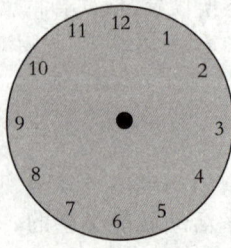

12:00

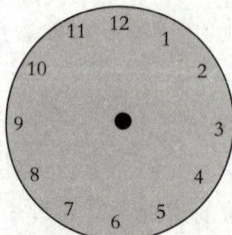

1:00

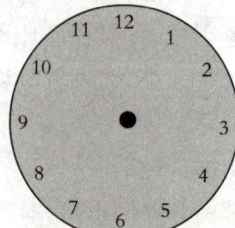

11:00

案例2　　　　　　　　　　　　　**左和右(大班)**

一、活动目标

(1) 学习以自身及客体为中心区别左右,正确使用表示方位概念的词,体验左右方位的相对性。

(2) 能灵活、敏捷地思考、回答问题。

二、活动准备

幼儿人手一套小动物图片(小兔、老虎、小猫、熊猫、小鸭)。

三、活动过程

1. 认识身体器官的左右

请幼儿伸出吃饭时拿筷子的手,这是什么手?(右手)另一只手是什么手?(左手)人的五官及手足等生来是对称的。

提问:右手这边有些什么?(右眼、右耳、右腿、右脚等)

　　　　左手这边有些什么?(左眼、左耳、左腿、左脚等)

小结:靠左手这一边叫左边,靠右手这一边叫右边。

2. 数学游戏"听指令做动作"

第一遍指令:举起左手、举起右手、伸出右腿、伸出左腿;左手拉拉左耳,拍拍左腿,右手蒙住右眼,拍拍右腿。

第二遍指令:右手摸摸左耳,左手摸摸右耳,左手拍拍右腿,右手拍拍左腿(教师可以灵活下指令)。

3. 操作图片,学习判断左右

请幼儿先把老虎图片放在桌子上,把兔子图片摆在老虎图片左边,把小猫图片摆在小兔图片的左边,把熊猫图片摆在老虎图片的右边,把小鸭图片摆在熊猫图片的右边。请幼儿相互说一说,老虎图片左边是什么图片,右边是什么图片。(按不同顺序再操作一次)

4. 左右规律在生活中的运用

请幼儿想一想认识了左右,在日常生活中有哪些用处?(如使用筷子都用右手,坐在一个桌子上,相互不会碰着;用右手写字,比较方便(笔顺、比划符合汉字的间架结构特点)等。

四、活动延伸

在数学角投放画有左右手的图片,让儿童辨别是左手或右手。

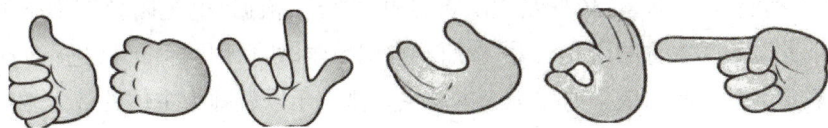

思考与练习

1. 简述学前儿童时间概念的发展。
2. 怎样对学前儿童进行认识时间的教育?
3. 简述学前儿童认识空间方位的发展过程。
4. 怎样对学前儿童进行空间方位概念的教育?
5. 设计一个教小班幼儿认识上下的教学活动。
6. 举例说明如何在生活、游戏及其他领域活动中渗透空间方位的教育。

第十一章

学前儿童数学教育的评价

学习目标

1. 了解评价在数学教育中的意义。
2. 掌握数学教育中评价儿童发展水平的方法。

第一节　学前儿童数学教育评价概述

教育评价是依据一定的教育价值观,用科学的方法,对教育现象、教育事件进行价值判断的过程,它在整个教育系统中起着自我监测和调节的作用,这种评价更有利于教师认识和调整自我的教育教学工作。而学前儿童数学教育的评价,是依据儿童发展的相关理论,依据《幼儿园教育指导纲要(试行)》,依据已有的关于学前儿童数学教育的研究结果,参照对各国数学教育评价标准等,进行的对儿童数学发展能力与水平以及教学活动过程与效果的评价。本章主要侧重于以教师为主体的数学教学评价。

一、评价在教学中的意义

为什么说在教学中首先进行评价非常重要?判断儿童概念发展水平的主要依据是其能够独立完成的概念学习任务。教学中需要解决的首要问题就是"儿童现在处于什么水平",为了找到答案,教师需要进行评价,给儿童交代需要完成的任务或需要解决的问题。在儿童解决问题的过程中,教师要观察儿童做了什么并记录他给出的答案。这些信息将用于指导教学的下一个步骤。

《全美数学教师委员会评价原则》(2000)中指出:"评价应该为师生的数学学习提供重要支持和有用的信息。"它是教学过程中不可分割的一部分,而不仅仅是在教学结束之后才做的事情。评价包括如下元素:

(1)评价应该作为每日教育中的必须内容去促进儿童的学习。

(2)评价任务和教学任务应该是相同或相似的,它们能正确地告诉儿童应该知道什么和能做什么。

（3）当评价活动中涵盖了观察、对话、访谈、口头报告和日志时，儿童的沟通能力就能得到提高。

（4）评价指导手册应能清楚地阐明被评价者的优点和不足之处，并有助于儿童进行自我评价。

评价应该整合在每日常规活动之中，因此，评价不是对活动的打断和干扰，而是教学的常规组成部分。评价应该为教师和儿童提供有价值的信息。不要过分依赖正式的书面报告和测验，而应该从各种不同的资源收集信息。"许多评价技术都能够被数学教师利用，包括开放性问题、建构-反应性任务、选择性反应条目、表现性任务、观察、访谈、日志和档案袋。"本章主要关注观察、访谈和儿童作品档案袋，档案袋收纳了问题解决方案、日记、访谈的情况及其他内容。要注意评价过程的公平性和多样化原则，以满足各类学习者的不同需求，如天才儿童及学习障碍者。

全美数学教师委员会（NCTM）还提醒教师要避免出现以下传统评价模式中的做法：

（1）评价学生不知道什么，并将他与其他学生进行比较，或者用评价工具去追踪那些表现明显的能力。

（2）通过计算考卷中正确答案的得分来进行评价，其目的只是为了给学生判定分数。

（3）评价学生关于某一具体事实的知识或某种孤立的技能。

（4）使用只要求一两项技能的练习或书面作业。

（5）在评价过程中禁止使用计算器、计算机和操作性工具。

（6）仅仅根据测验的分数评价教师的教学水平。

二、评价任务文件夹

每个儿童和每组儿童之间都是存在差异的。教师应储备足够的问题资源，以应付可能遇到的任何年龄阶段的儿童。随着对儿童了解的深入，还需要增加新的问题、任务。教师还应该建立一个评价任务文件夹或者活页夹。这样的文件夹有3个优点：

（1）教师在创建一个包含有自己个人投入的评价任务时，就更有可能使用、修订或删除旧的任务。

（2）文件夹或活页夹的形式让教师可以非常容易地增加新的任务、修订或删除旧的任务。

（3）教师有足够的空间，发挥自己的创造力，添加新的问题任务和材料。

在开始创建评价任务文件夹时，可以从书里所提供的发展性的评估任务开始。随着学习的深入，可以自己开发新的任务，参加实际工作以后，也能继续丰富其中的内容。每张卡片的尺寸大约是12.5厘米×20.5厘米。大多数任务都将使用到实物材料和图片。可以从家居用品或教室各活动中心中选取实物材料，并给它们建立条目类别。可以购买或者从杂志和练习簿里剪下图片，并粘到卡片上。

所需的基本材料：12.5厘米×20.5厘米的卡片夹盒，12.5厘米×20.5厘米的没有画线的卡片夹，12.5厘米×20.5厘米文件隔档或者是有间隔档的活页夹，一只黑色的钢笔，一套彩色的记分笔，一把尺子，一副剪子，胶水或者复合薄膜用胶，学前班或幼儿园使用的练习簿。

每项评价任务的设计都适合放在一张12.5厘米×20.5厘米的卡片上。请注意，在每张卡片上，指导语书写应方便阅读。各项评价任务按照儿童的发展顺序建立起来，从感觉运动阶段（出生到2岁）到前运算阶段（2~7岁）再到早期具体运算阶段（6~8岁）。年龄与阶段之间的关系是比较灵活的，只是为了给教师选择首先操作的任务提供参考。

每个儿童的发展水平各异。如果第一项任务太困难，指导者应该从较低的水平开始。如果第一项任务对儿童太容易，指导者可以从较高的水平开始。表11-1是一张记录卡的样本，可以用它记录每个儿童的发展情况。有些教师喜欢给每个儿童用单独的表；有些教师喜欢全班用一张总表。评估任务的名称和编号被放在第一个栏目里。有几个栏目是用于写记录日期和儿童发展水平的（"＋"代表完成；"√"代表需要一些帮助；"－"代表需要很多帮助）。右边的栏目用于记录儿童完成任务的具体情况。

表11-1 发展任务记录单

儿童姓名_____出生日期_____
学　年_____幼儿园_____教　师_____
班　级_____个人评价_____

任务	水平			评价意见
	日期	日期	日期	
评论				

注:水平:"＋"代表完成,"√"代表部分完成,"－"代表不能完成任务。

评估任务范例①:

前运算阶段:4~5岁

排序/序数

方法:访谈。

目标:根据排序对象的外在特征,儿童应该能够对5个以内的物体进行排序,并能描述每个物体在序列中的位置。

材料:5个在长、宽、高、大小等方面呈均匀变化的物体(如剪纸图案等)。

程序:先尝试5个物体,如果儿童觉得有困难,可以从3个开始。问题如下:"先找到最高的(最大的、最胖的或最矮的、最小的、最瘦的),然后把他们按照从大到小(从高到矮、从胖到瘦)的顺序排列。"儿童排列完毕之后,可以问:"哪个在第一位? 哪个在第二位? 哪个在第三位? 哪个在第四位?"

评价:注意观察儿童是不是能够识别处于序列的两个极端位置的对象,能不能正确排列中间的3个对象。处于前运算阶段的儿童很容易把处于中间位置的对象搞混。注意观察儿童在完成活动的过程中是表现得有条不紊还是显得杂乱无章。

三、评价要有助于学前儿童在基本概念方面建立牢固的基础

对儿童来说,长期性的发展目标是在基本概念方面建立牢固的基础,以便顺利地从过渡阶段进入具体运算阶段。数学教育评价的方法和程序,必须有助于实现这一目标,并有可能实现其他可能的目标:

(1)帮助儿童对数学建立一种积极的情感。

(2)帮助儿童在数学活动中树立自信心。

(3)帮助儿童在保持对数学问题的好奇心的同时形成一种质疑的态度。

学前儿童数学教育涉及的范畴应该是多方面的,包括度量词、图形、配对、分类、比较、时间、空间、排序、度量、图表、数字与数量、简单运算等。因此,对儿童数学在教和学方面的评价,应从上述各方面去评定教学上的进展,不能单单把重点放在数字、数量和运算3方面,更不能以学会数数、辨认或书写数字、写出算式的答案等来衡量儿童学习数学的成绩。

① [美]Rosalind Charlesworth Karen K. Lind 著,李雅静等译.幼儿数学与科学教育[M].北京:北京师范大学出版社,2011:195.

教师在数学教学中的评价,必须考虑有没有按幼儿的年龄和认知发展,帮助他们较全面地学习有关的数学概念,而不要只偏重于某些项目。因为各项概念和技巧,彼此间的关系十分密切,各种概念和技巧结成紧密的网络。幼儿学习数学,这些网络便一起发挥作用,互为补充。例如,比较是分类和排序的基础,分类和排序,先要把物体进行比较;要比较,便要对物体的大小、数量的多少有所认识;在认识数字与数量的关系时,幼儿先要理解配对的概念,才能领会得到3件物品的量和数字"3"相配对,运算时,才能从具体的实物形象中脱离出来,代入数字这种抽象的符号。

打个比喻,每一项数学概念和技巧,就像蜘蛛吐出来的丝一样,构成了一个完整的蜘蛛网。要是网的丝有任何破损,蜘蛛便失去了均衡的张力,破损的地方会越来越大。因此,教幼儿学习数学,不能把重点放在某些可以具体地观察到成果的方面,例如数数和算出答案,而忽略其他有关数学的基础学习。

在教学进度方面,很多教师会习惯于按进度表进行教学。这是很不恰当的。教学进度应以幼儿能不能理解为准则,不要凭一纸进度来行事。

第二节　学前儿童数学教育中评价儿童发展水平的方法

针对儿童评价的方法,全美数学教师委员会指出:"方法的使用要考虑儿童的特点,这个阶段的儿童更容易理解以实物性材料为媒介的评价任务,通过使用这样的材料,儿童更能真实地表现自己的学习能力。"

观察和访谈是教师确定儿童发展水平的主要评价手段。如果使用教师自己开发的评价工具,再通过观察和访谈的方式来实施评价,将收到良好的效果。商业性的评价工具用于入学筛查时也能提供有用的信息,但对于制定每日活动的整体计划而言则太过局限。入学筛查的范围通常较广,能够为教师提供一个包括了儿童的各种长处和弱项的档案夹。任课教师可以根据这些情况设计策略,特殊教育专家(如学校心理老师或者语言障碍诊断专家)也可以根据入学筛查发现一些较严重的发展性问题。对儿童只能进行单独的筛查。可以要求儿童利用实物、口头回答或动作作出反应,如用手指指示或重新排列物品。纸张和铅笔只能用在对感觉运动能力的发展评价上(如要求儿童写自己的名字、画一个人或者临摹一些图形等)。直到儿童完全进入具体运算阶段、能够处理抽象符号、感觉运动能力也已经得到较好发展的时候,才能实施团体或个别的纸笔测验。

一、观察评价

观察是教师发现儿童在日常生活活动中如何运用概念的一种方法。观察可以在自然情境下、非正式的活动和结构性的活动中进行。教师应清楚儿童应该使用的概念。一旦教师在儿童的活动中发现了某种有关概念的反应,就要记下这个事件,并写在该名儿童的记录文件夹内。这样做可以帮助教师设计下一阶段的活动经验。

下面结合案例提供值得教师观察的行为的建议:

(1) 布雷德(18个月)把所有积木都倒在地毯上。他把所有圆形积木挑出来并堆在一起。这表明他已经能够分类和组织了。

(2) 辛迪(4岁)小心翼翼地摆放午餐的餐具。她记住了每一个步骤。辛迪能理解什么是一一对应。

(3) 查瑞丝(3岁)和乔治(5岁)背对背地站着,然后让辛迪看一下谁更高。他们进行了很好的合作,这是查瑞丝第一次对比较高度感兴趣。

(4) 玛丽(5岁)在自己单独活动,她可以正确地把饮料罐里的小木棍的数量与0~20的数字符号一一匹配。她已经为学习一些更有挑战性的内容做好了准备。

(5) 上个星期我在数学和科学中心摆放了一个水盆及各种不同形状的容器。儿童在这个星期将研究材料问题。冯桑和萨拉对每个容器的容量特别感兴趣。我给了他们每人一个供测量用的标准量杯,并要求他们估计多少杯水能灌满一个容器。我让他们测量并记录下实际的数量。他们做得很好,建立了一份记录档案,并且一起合作测量灌满每个容器所需的水。然后他们又根据容器容量大小把容器从小到大排列起来,这些说明他们已经能够理解顺序或序列。

观察的信息也可以记录在清单上。例如,可以把概念性行为都罗列出来,每当儿童表现出相应的行为时,就把该行为记录在所列举的概念性行为的旁边。这样,就会有一份儿童自发的概念性行为的档案,见表11-2。

表11-2　概念活动观察清单

儿童姓名＿＿＿＿＿＿＿＿　出生日期＿＿＿＿＿＿＿＿
学　　年＿＿＿＿＿＿＿＿　班　　级＿＿＿＿＿＿＿＿

概念活动(教科书里描写的概念和活动)	观察日期
选择数学中心	
选择科学中心	
选择烹饪中心	
选择数学概念书籍	
选择科学书籍	
选择沙子和水	
正确地摆放餐具	
自发点数	
对游戏材料进行逻辑分类	
运用比较词汇	
搭积木	
运用部分或全部材料工作	
表现出对排序或序列的理解	
指出周围环境中的数字符号	
提问,表现出好奇心,探索环境和进行观察	
运用概念词汇	

二、访谈评价

个别访谈是发现具体信息的一种直接方法。教师可以向儿童提出一个任务,然后观察和记录儿童研究这个任务的方法以及问题解决的答案。儿童找到答案的过程比答案本身的正误更为重要。儿童经常在开始的时候找到了比较正确的解决方法,但又在解决问题的过程中偏离了方向。例如,要求3岁的凯特用4个杯子与4个茶杯托匹配。这是一个要求做一一对应的例子。她完成这个任务很容易。下一步教师又要求她用5个杯子与4个茶杯托匹配:"这里有一些杯子和茶杯托。能不能把每一个茶杯托和一个杯子相配?"她在每个茶杯托上放一个杯子,又把那个多余的茶杯托放在其中一个茶杯托下面。她高兴地笑了。通过观察该任务的完成过程,教师了解到凯特还没有较好地掌握"多一个"的概念。这对于一个处于前运算阶段的3岁儿童来说是正常的。她用在一个杯子下面放两个茶杯托的方法解决了问题。她能理解一一对应的概念,却不能处理"失去平衡"的问题情境。只有通过观察整个任务过程,教师才能了解"错误"答案产生的原因。

还有另外一个例子,教师给了一个叫蒂姆的6岁儿童20块积木,10块红色的和10块蓝色的。教师让他先数红色的积木然后再数蓝色的积木,这个任务他做得很仔细也很精确。下一步,教师要求他用红色的积木和蓝色的积木进行组合,并且看看能组成多少种10的组合。教师让蒂姆把所能找到的每种组合写下来或画出来。在观察中教师发现,他数了8块蓝色的和两块红色的,然后在纸上画了7块蓝色的正方形和两块红色的正方形。

如果教师只是在任务完成后才观察到凯特、蒂姆的回答,并仅仅以"正确"或"错误"记录下来,他们存在的问题的症结将不会被觉察到。只有个别访谈,才能提供观察机会,以了解儿童在不被分心和不受干扰的情况下、在完成任务全过程中解决问题的情况。

在一对一的访谈中,成人必须保持一种接纳的态度,无论答案正确与否,都必须重视和接受,更不能从成人的角度去判断他们是对还是错。如果可能的话,访谈应该在一个安静的地方进行,这里不能有其他可能会转移儿童注意力的东西。成人的态度应该是热情、愉快和平静的,还应该通过微笑、姿势(表示赞赏的点头、在肩上的轻拍)和一些具体的表扬(如"你数积木的时候非常细心""我知道你会匹配这些形状""你为了找到答案干得很努力"等)来鼓励儿童。

如果是教师以外的人做访谈评价,那么教师应该确保评价者在访谈之前要花一些时间和儿童一起玩耍。建议在做访谈的时候,评价者坐在一张低矮的椅子上或者坐在地板上,以靠近儿童玩的地方。当儿童看到一位陌生人的时候往往会产生好奇。他们也许会问:"你是谁呀?你怎么在这儿?"告之儿童:"我是某某,我一会儿会和你们每个人玩一个特别的游戏。这个游戏会让你感到惊讶。今天我想知道你们的名字,并看看你们都做什么。"如果访谈者能够关注儿童,并对他们和他们的活动表现出兴趣,在进行访谈评价时,儿童将会比较自在,并且愿意尽他们最大的努力去配合。

如果是教师自己作评价,也应该强调这个活动的特殊性:"今天我要花一些时间和你们每个人做一项特殊的活动。每个人都将得到一次参与机会。"下面是一个访谈评价案例,见表11-3①。

这是给一个叫鲍伯的4岁半的儿童做的。储藏室的一个角落已经变成了评价中心。瑞麦兹老师与鲍伯一起进来了。一开始,瑞麦兹老师说:"鲍伯,你坐在那儿,我坐在这儿。我们得做一件重要的事情。"他们两个人都坐在一张较低的桌子旁。

表11-3　个别访谈案例

瑞麦兹老师:	鲍伯的反应:
你多大了?	我4岁了!(鲍伯举起4个手指)
鲍伯,请你数出从1~10来	1,2,3,4,5,6,7,8,9,10…我也能数得更多,11,12,13,20!
这里有一些木块,你能告诉我有多少木块吗?(瑞麦兹老师拿出了10块)	(鲍伯一边指着一边数着)1,2,3,4,5,6,7,8,9,10,11,12(有的木块数了两次)
好的,鲍伯,你数完了所有的木块(瑞麦兹老师拿出了5块木块)	(鲍伯开始数并且把数完的推到左边)1,2,3,4,5
(瑞麦兹老师把木块放到看不见的地方,然后拿出了5匹塑料马和5名骑手)看看,是不是每名骑手都有一匹马?	(鲍伯看了看这些马和骑手,他把马排成一排,然后把每名骑手放在每匹马上)行,可以了
好,鲍伯,你为每匹马找到了一名骑手(瑞麦兹老师把马和骑手推到一边去,拿出了一些小的立方块,分成两堆:5块黄的2块橘黄的)	

① [美]Rosalind Charlesworth Karen K. Lind 著,李雅静等译.幼儿数学与科学教育[M].北京:北京师范大学出版社,2011:53.

瑞麦兹老师:	鲍伯的反应:
哪一堆多? 行(瑞麦兹老师拿出4块蓝色的和3块绿色的) 哪一堆少? 做得真好 (她拿出5个不同大小的熊)你能找出最大的那个吗? 你能找出最小的那个吗? 你能把这些熊从小到大排成一排吗? (瑞麦兹老师笑了)鲍伯,你做得真不错! 你真努力!	这堆(鲍伯指着黄色的那堆) (鲍伯指着绿色的木块) 这儿呢!(鲍伯拣出了最大的) (鲍伯拣出了最小的) (鲍伯慢慢地、小心地排着)排完了(有两个中等大小的熊被放颠倒了)

评估任务的数量并不是一定的。对于一个处于前运算阶段的儿童来说,教师可以从匹配活动开始,一次呈现一个概念和技能。如果有必要的话,访谈的时间可以缩短。

以下是各年龄阶段的儿童能够参加活动的时间的最大限度:

(1)2岁的儿童可以进行15～20分钟。

(2)3岁的儿童可以进行30分钟。

(3)4岁的儿童可以进行45分钟。

(4)5岁以上的儿童可以进行1个小时以上。

三、档案袋评价

每个儿童的发展与活动情况都应该记录在一个文件夹和档案袋中。记录文件夹包括一些已经描述过的轶事记录和评价表。档案袋是一个对儿童作品的有目的的收集,这些收集品可以告诉我们儿童的发展情况和取得的成就,它系统地收集实物材料,可以提供理解和监控儿童发展情况的证据。档案袋为真实性评价提供了一种便捷的途径,儿童和教师可以一起去收集作品,并反思和评价这些作品。

档案袋的设计和制作比较关键。可以使用带有悬挂文件夹的盒子或档案夹。随着作品数量的增加,可以放一些文件夹在里面。每隔一段时间,教师和儿童可以在档案袋里检查文件夹并选择作品。我们在办公室常用的档案袋就非常好用。要为每一件作品注明日期,以便能够追踪儿童的进步。可以用一些不干胶便条或邮件的标签在每件作品上做记录。标签上面应该有活动的日期、活动的类型和选择作品的原因。

档案袋评价的一个显著特征在于收集的作品是由儿童和教师在固定的时间里通过讨论共同选择的。其实教师一直都有保存儿童作品的习惯,不过档案袋更多的时候是集中收集一些特殊的作品,这些作品可以用来完成对儿童的评价。档案袋提供了一个比传统的评价更完整的画面,因为它为儿童进行反思和自我评价提供了一个媒介。

下面是可以收入档案袋的作品的范例:

(1)调查研究活动结束后,儿童自己写下来的或口授的记录。

(2)图片:素描、绘画、儿童参加重要活动的照片,教师或儿童用操作材料(如纽扣)或积木创作的作品。

(3)口授的(针对较小儿童)或写下来的(针对较大儿童)活动报告、调查、实验、想法、计划等。

(4)图表、曲线图或者其他记录下来的资料。

(5)从儿童的数学、科学或者社会研究杂志上摘录下来的东西。

(6)问题解决的样本、对问题解决的解释和创造等。

(7)录像带和录音带。

(8)杂志名录。

这些实物材料在评价和向父母反馈时非常有价值。档案袋评价应从小的主题开始。找一个要点,如数学或科学,甚至可以聚焦在问题解决、主题调查、艺术作品、写作等。如果范围太广,会使任务过于庞大。

　　档案袋评价包括几个步骤。首先,制作一份指导单。指导单能够准确描述利用档案袋进行评价的内容,可以是一份清单。指导单应该适合本班的实际情况,不要停留在孤立的技能上,标准应宽泛,以便于理解。档案袋的内容不同,指导单的陈述也应发生变化。表 11 - 4 是一个范例①。

表 11 - 4　档案袋指导单

	表现显著的	开始显著的	没有被观察到的
1. 能组织和记录的资料			
2. 探索、分析寻找模式			
3. 使用具体材料或画图帮助解决问题			
4. 调查和活动帮助发展概念			
5. 坚持的、灵活的、自我指导的			
6. 合作工作			
7. 喜欢数学和科学			

　　接下来,应该将评价分析写进表 11 - 5 中。如果必须分出等级,还有最后一步:整体的评价(见表 11 - 6)。为了完成总体评价,可以把作品按照强的、平均的、弱的或者非常强的、强的、高于平均值、低于平均值、有点儿弱和非常弱这样的 3 级或 6 级水平分开装。比较性的分析可以帮助教师评分。

表 11 - 5　档案袋总结分析

儿童姓名_____　　　日期_____
总体评价
优点和弱点
进一步建议

表 11 - 6　档案袋总体评价

4	指导单中出现的表现显著的项目
3	大多数时候都能稳定表现出该行为的项目
2	在思想、概念或行为上表现出某些特征,但不全面
1	基本没有该行为特征的出现

---

　　① [美]Rosalind Charlesworth Karen K. Lind 著,李雅静等译.幼儿数学与科学教育[M].北京:北京师范大学出版社,2011:55.

思考与练习

1. 为什么说在教学中首先进行评价是重要的？
2. 在评价中教师要避免出现哪些传统评价模式中的做法？
3. 教师自己建立的评价任务文件夹有哪些优点？
4. 描述档案袋评价的优点。

参 考 文 献

1. 陈世明.图像时代的早期阅读[M].上海:复旦大学出版社,2009.

2. 黄瑾.学前儿童数学教育[M].上海:华东师范大学出版社,2007.

3. 张慧和,张俊.幼儿园数学教育[M].北京:人民教育出版社,2004.

4. 黄瑾.幼儿园数学教育与活动设计[M].北京:高等教育出版社,2010.

5. 林达·庞德著,卜玉华译.早期数学能力的培养[M].上海:远东出版社,2002.

6. Rosalind Charlesworth Karen K. Lind 著,李雅静等译.幼儿数学与科学教育[M].北京:北京师范大学出版社,2011.

7. 戴尔·H·申克著,韦小满等译.学习理论:教育的视角[M].南京:江苏教育出版社,2003.

8. 朱莉亚·安吉莱瑞著,徐文彬译.如何培养学生的数感[M].北京:北京师范大学出版社,2007.

9. 刘范,张增杰.儿童认知发展与教育[M].北京:人民教育出版社,1985.

10. 钱郭小葵.幼儿课程(下)[M].北京:北京师范大学出版社,1994.

11. 张俊.给幼儿教师的101条建议·数学教育[M].南京:南京师范大学出版社,2007.

12. 周欣.儿童数概念的早期发展[M].上海:华东师范大学出版社,2004.

13. 朱莉亚·安吉莱瑞著,徐文彬译.如何培养学生的数感[M].北京:北京师范大学出版社,2007.

14. 北京培华人才培训中心组.幼儿园教育活动设计(教师用书)(大班)[M].北京:海洋出版社,1998.

15. 张慧和.学前儿童数学教育[M].重庆:西南师范大学出版社,2000.

16. 孙汀兰.学前儿童数学教育理论与实践[M].北京:科学出版社,2009.

17. 王忠民.幼儿教育辞典[M].北京:中国大百科全书出版社,2004.

18. 矫德凤,王凤野.幼儿计算教学法[M].北京:人民教育出版社,1987.

19. 中国教育专家组.中国儿童数学培育[M].北京:华龄出版社,2000.

20. 王俊英.幼儿数学活动指导——幼儿的现实数学教育[M].北京:地质出版社,1998.

21. 李文静.幼儿思维数学[M].上海:华东师范大学出版社,2009.

图书在版编目(CIP)数据

学前儿童数学教育/梅纳新主编. —2 版. —上海:复旦大学出版社,2016.8(2025.1 重印)
普通高等学校学前教育专业系列教材
ISBN 978-7-309-12449-1

Ⅰ. 学…　Ⅱ. 梅…　Ⅲ. 学前儿童-数学教学-幼儿师范学校-教材　Ⅳ. G613.4

中国版本图书馆 CIP 数据核字(2016)第 168295 号

学前儿童数学教育(第二版)
梅纳新　主编
责任编辑/黄　乐　赵连光

复旦大学出版社有限公司出版发行
上海市国权路 579 号　邮编:200433
网址:fupnet@ fudanpress. com　http://www. fudanpress. com
门市零售:86-21-65102580　团体订购:86-21-65104505
出版部电话:86-21-65642845
江苏扬中印刷有限公司

开本 890 毫米×1240 毫米　1/16　印张 8　字数 235 千字
2025 年 1 月第 2 版第 7 次印刷
印数 37 501—39 600

ISBN 978-7-309-12449-1/G·1621
定价:32.00 元

复旦大学出版社向使用本社《学前儿童数学教育》(第二版)作为教材进行教学的教师免费赠送多媒体课件,欢迎完整填写下面表格来索取多媒体资料。

教师姓名:＿＿＿＿＿＿＿＿＿＿＿＿＿＿＿＿＿

任课课程名称:＿＿＿＿＿＿＿＿＿＿＿＿＿＿＿

任课课程学生人数:＿＿＿＿＿＿＿＿＿＿＿＿＿

联系电话:(O)＿＿＿＿＿＿＿ (H)＿＿＿＿＿＿＿ 手机:＿＿＿＿＿＿

E-mail 地址:＿＿＿＿＿＿＿＿＿＿＿＿＿＿＿＿＿＿＿＿＿

所在学校名称:＿＿＿＿＿＿＿＿＿＿＿＿＿＿ 邮政编码:＿＿＿＿＿＿

所在学校地址:＿＿＿＿＿＿＿＿＿＿＿＿＿＿＿＿＿＿＿＿＿

学校电话总机(带区号):＿＿＿＿＿＿＿＿ 学校网址:＿＿＿＿＿＿＿

系名称:＿＿＿＿＿＿＿＿＿＿＿＿ 系联系电话:＿＿＿＿＿＿＿＿

每位教师限赠课件一个。

邮寄课件地址:＿＿＿＿＿＿＿＿＿＿＿＿＿＿＿＿＿

邮政编码:＿＿＿＿＿＿＿＿＿

请将本页复印完整填写后,剪下邮寄到上海市国权路 579 号

复旦大学出版社学前教育分社　赵连光(收)

邮政编码:200433　　联系电话:(021)65112478

E-mail:fudanxueqian@163.com